世界一やさしい金融工学の本です

田渕 直也【著】

竹内モカ／トレンド・プロ【マンガ制作】

日本実業出版社

はじめに

金融工学と聞くと、なにやら小難しくて専門的な特殊分野と思う人は少なくないでしょう。

数式やらコンピュータモデルやらが出てくるので、それだけで敬遠してしまう人も多いと思います。

確かに金融工学そのものは決して簡単なものではありません。ノーベル賞級の物理学者が書いた難解な論文がもとになっていたりするのです。でも、だからといって自分には無縁なものだと思ったり、やみくもに敬遠したりするのはもったいない話です。

金融工学はあくまでも道具です。そしておそらくは、これからのすべての金融ビジネスにとって不可欠な道具になりつつあるといえます。

道具であるとはどういうことでしょうか。それは、**道具を作ることと、使うことは別だ**ということです。

多くの人は自動車を自分で設計することはできません。パソコンを成り立たせている電子工学を完全に理解している人もほとんどいないでしょう。でも、自動車やパソコンがどういうものであるかを知り、それを使いこなすことは誰にでもできます。金融工学も同じなのです。

そして、金融工学という道具を敬遠することなく使っていける人たちだけが、これからの新しい金融ビジネスを担っていくことができます。デジタル・デバイド（IT技術を使いこなせるか、そうでないかによって、大きな情報格差が生まれてしまうこと）ならぬ、**デリバティブ・デバイド**（デリバティブを使いこなせるかどうかで、新しい金融ビジネスの担い手になれるかなれないかが決まってしまうこと）の時代といってもいいのではないでしょうか（デリバティブは金融工学の重要な一分野です。その意味は本文の中で説明しています)。

本書はそうした観点から、まず金融工学とはどんなものなのか、そのエッセンスを抵抗なく理解していただこうという趣旨のもとに作られたものです。いきなり本格的な解説書を読んでも、小難しい数式に惑わされてエッセンスをつかみきれなかったり、あるいは途中で挫折して抵抗感や嫌悪感だけが残ってしまうかもしれません。

金融工学も、車やパソコンと同じように、もっと気楽に、あくまでも便利な道具として接していくべきだと思います。そうすることによって、やはり車やパソコンと同じように、まったく新しい世界が開けてくるはずです。

本書で気楽に踏み出していただく金融工学への第一歩は、将来の大きな可能性への第一歩です。あとは、あくまでも道具として使いこなしていただくもよし、あるいは金融工学の理論をもっと詳しく知りたいと感じたならば、もうすこし専門的な解説書に進むもよし、人それぞれにあわせた金融工学とのお付き合いをしていただければと思います。

さあ、それでは金融工学への扉を開いてみましょう。

Contents

第2章 菜々子、キャッシュフローとスワップに驚く

第3章 菜々子、オプションとランダムウォーク、そしてブラック＝ショールズ・モデルにたどりつく

第4章 菜々子、リスク管理全般について学ぶ

装幀／齋藤稔
カバー&本文イラストレーション／竹内モカ
本文DTP&図版作成／ムーブ（武藤孝子）

第1章

菜々子、金融工学とデリバティブを知る

たいくつー
どっか行ってくれば
よかったじゃないですか
優くんは冷たいにゃ～
昔はもっとかわいらしかったのに…
菜々子おねーちゃん
菜々子おねーちゃんって
いつもベッタリ
……

今日もお父さんは仕事なの？
うん
就職決まってない友達とかはまだまだ忙しいんだよ～
あ、なるほど
カチ
カチ..
何してんのー？
さっきから
ゲームです
バーチャル投資
インターネット
なんか全然ゲームっぽくないよ…
つ
つ

そうですか? まぁ
株式投資のゲーム
だからかな
株式投資!?
ネット上で仮想の
お金をやりとりして
株式売買のシミュレーションが
行なえるんですよ
うわあ～
そんなの面白いの…?
うん
株価とかは実際のデータだし
全国ランキングとかも
あるから…
へぇ―――
しかしすごい
ゲームだ～
優くんのお父さんは世界的に
活躍する株式トレーダーなんだよね…
やっぱり血は争えないのかな

20万人くらいの人が
参加してるんですよー
コレ。
へーっ
結構人気あるんだね!!
それで優くんは
何位くらいなの…？
カチカチ
カチカチ
え――っと…
6位ですね
ランキング
順位 ニックネーム 評価額(円)
1 Money 786,057,353
2 tanaka 400,459,037
3 genkin2006 318,618,380
4 Ishida 217,185,469
5 kabuko 199,814,625
6 yuu-yuu 179,532,126
7 toshi 159,781,585
ええ――っ!!!
20万人中
6位!!?
すごいじゃん!!
アハハ
でもゲームだから…

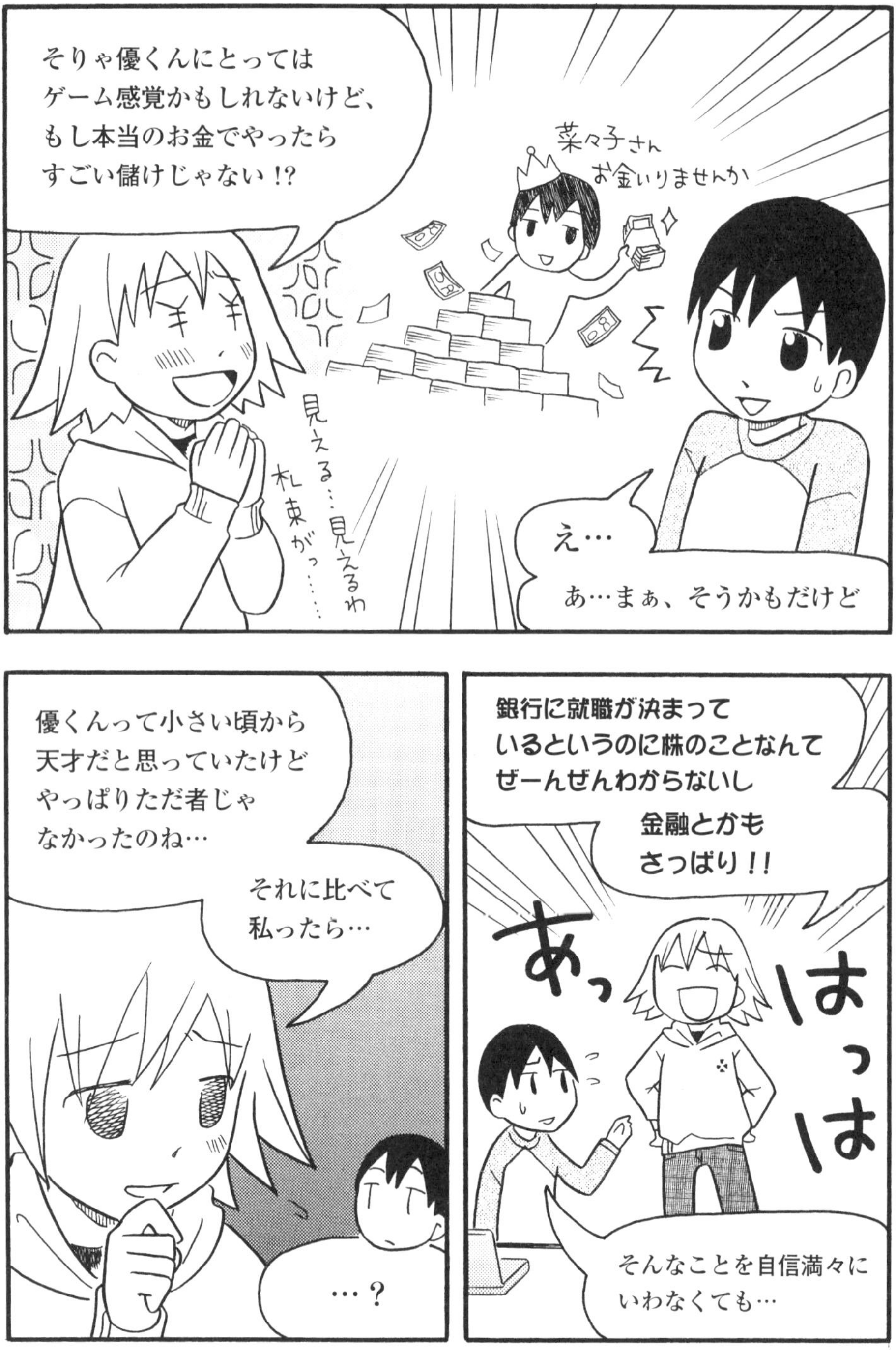
そりゃ優くんにとっては
ゲーム感覚かもしれないけど、
もし本当のお金でやったら
すごい儲けじゃない!?
菜々子さん
お金いりませんか
見える…見えるわ
札束がっ……
え…
あ…まぁ、そうかもだけど
銀行に就職が決まって
いるというのに株のことなんて
ぜーんぜんわからないし
金融とかも
さっぱり!!
あっはっは
そんなことを自信満々に
いわなくても…
優くんって小さい頃から
天才だと思っていたけど
やっぱりただ者じゃ
なかったのね…
それに比べて
私ったら…
…?

ああ〜…
こんなことで社会人
やっていけるのかしら…
ドォーン
忙しい人だなぁ
大学で金融論とか
金融工学を勉強
しなかったんですか？
つつ
私は文学部だよ？
金融工学って何？って
感じだよ
アハハ
金融工学って確かに一言で
説明しづらいものですけど…
うげ…
そうなの？
はい
金融の諸問題を解決
するための様々な分野に
またがる学問を総合して
金融論とかファイナンス理論
といいますが、
ペラペラ
そのうちで数学や統計学の
手法を使って金融取引の
リスクや価格を把握しようと
するものを特に**金融工学**と
呼んでいます
ははー……

なんかピンとこないなぁ…
そんなの必要なの？
特殊な専門分野と思うかもしれませんが、金融工学って一部の専門家たちの特殊な世界じゃないんですよ
うん？
菜々子さんの就職する銀行をはじめ金融工学を駆使したリスク管理は今や必須です
うっ…
それに預金や住宅ローン投資信託など身近な金融商品にも金融工学は様々な形で利用されてます
うわわ
私、知らなきゃマズイのかも…
……

でも
難しいんでしょ…？
まぁ、複雑な数式やコンピュータモデルによって成り立っているので
ガーン
とてもとっつきにくく敬遠されがちな分野ですね
やっぱり…
ガク
でも
金融工学はあくまで道具
ん？
普通の人は自動車やパソコンを自分で作ることはできないけどそれがどんなものか知ってますよね
car
PC
そうだねぇ

そしてそれを使いこなすことによって
新しい可能性を手に入れることが
できます。
金融工学も同じですよ！
なるほど～
って
本当優くんって
お利口さんだね～
ゲームのランキングを上げるために
お父さんの持ってる本とか
いろいろ読んで勉強したら
自然と覚えただけです
おねえさんビックリだよ～
プププ
意外と負けず嫌い
なのよね…
それにしても
デリバティブやリスク管理のことも
知らずにどうして銀行員に…？

そ、それは…
カーーーッ
まぁ、イイじゃない！
バシ バシ
デリバティブ？　リスク管理？
なんのこと…!?
よく受かりましたね…
じー
やっぱりカワイイから
かしら!?
……
……
優くんだって、そんなに頭いいのに
中学は近所の公立に
いくんでしょ？
はい…

もしかしたら海外に留学とかしちゃうのかと思ったよ どうして公立がよかったの？
いろいろあるんですよ!!
いろいろねえ…
ふーん…
それはそうと実際に株取引はしないの？
興味がないわけじゃないけど親が同意してくれないから
あ そっか
それじゃあさ
私が株の口座を開いて優くんが株を売買するっていうのはどう？
名案!
それは無許可の投資顧問になっちゃうから本当はダメなんだけど…
??

…面白い
かもしれません
そのかわり！
私が大学を、優くんが小学校を
卒業するまでに
私に金融工学について教えて！
うーん…
わかりました
がんばろー

リスクって何？

では早速ですが…
ゴホッ
もっとも基本的な「リスク」について説明しましょう
はーい！！
「リスク」の意味くらいはわかるよー！！「危険なこと」「損をすること」って感じでしょ！？
リスク
損を
する
金融工学においてはもっと重要な意味が含まれているんですよー
えーーっ
それは「予測できない」ということです
フム？

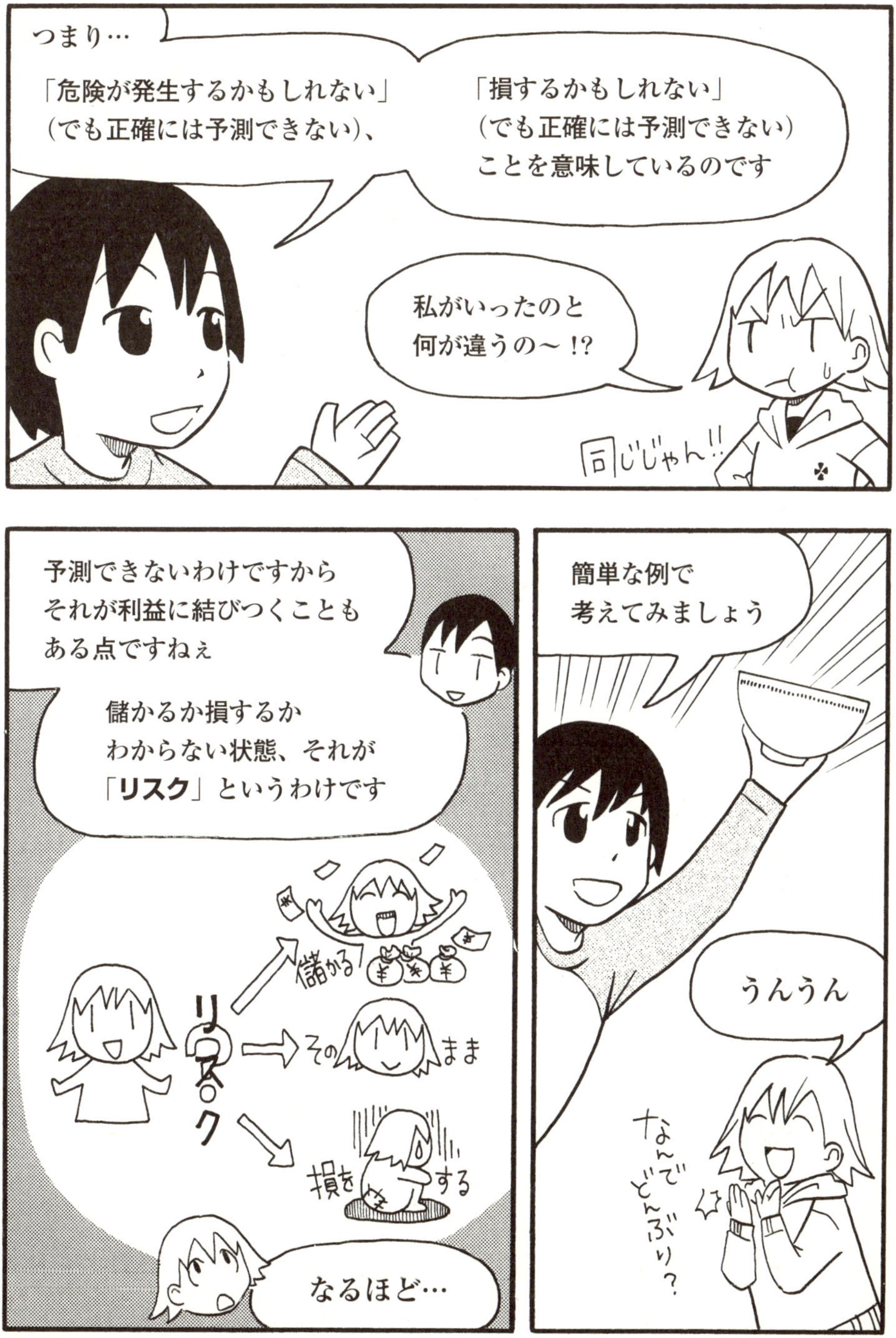
つまり…
「危険が発生するかもしれない」（でも正確には予測できない）、
「損するかもしれない」（でも正確には予測できない）ことを意味しているのです
私がいったのと何が違うの～!?
同じじゃん!!
予測できないわけですからそれが利益に結びつくこともある点ですねぇ
儲かるか損するかわからない状態、それが「**リスク**」というわけです
リスク
儲かる
そのまま
損をする
なるほど…
簡単な例で考えてみましょう
うんうん
なんでどんぶり？

熱々のラーメンだけを出してる
ラーメン屋があるとします
熱
熱々亭
おぉ〜〜〜！
夏、どんなに暑くても熱々の
ラーメンを食べたがる人もいますが、
ただでさえ暑いのに
もっと暑くなってしまうような
ラーメンはちょっと…という人も
少なくありません
あっついから
いらないよ…
熱
えーーっ
確かに…
やっぱり暑くなってくると
熱々亭の売上は
下がってしまいます
30000
25000
20000
15000
10000
5000
0
売上
25 26 27 28 29 30 31 32 33 34 35
気温
ラーメン売上
ガーン

「もし気温が上がれば
売上が減ってしまう」と
いうことがこの場合のリスクです
じゃあ逆にもし気温が下がれば
売上が予測よりも
増える可能性もあるわけだね

猛暑カクジッ!!
そうなりますね
逆にどちらに転ぶか
確実にわかっている場合には
「リスク」とはいいません

リスクのヘッジ

ここでは気温の変化で売上が
増えることを期待するより
収入が減らないようにすることを
最優先にして考えてみましょう
熱
ラーメン650
うんうん
どうするの？

この
「気温が上昇したら→収入が減る」
というリスクを避けるためには、
「気温が上昇したら→収入が増える」
というほかの手段を確保して
おけばいいことになります
気温が上昇したら
収入がへるラーメン
熱
気温が上昇したら
収入がふえる何か
なるほど…
こうした手段を
「リスク・ヘッジ」と
いいます
リスク・ヘッジねぇ…
じゃあ
暑い日に売れそうな
冷し中華を出せば
いいんじゃない？
そうですね
しかし、この熱々亭の隣に
冷し中華を専門に出している
「冷やし屋」というお店が
あったらどうでしょう？
冷
冷やし屋
なんだって～!?

しかも
熱々亭の主人と冷やし屋の主人は友達同士
熱
冷
仲良しです。
商売で喧嘩するようなことはできません

だったらもっと離れたところで店を出せよ…
ボソ…

とっ、ともかく…この場合はどうすればいいんでしょうか？

スワップ取引の登場

どうすれば…っていわれてもなぁ…
冷
熱
う〜〜ーーーん…
では
冷やし屋の問題点を考えてみましょう

夏、気温が高ければ冷やし中華はよく売れますが、冷夏で気温が上がらないと売上が下がってしまいます
さむいから いらない…
え〜
冷

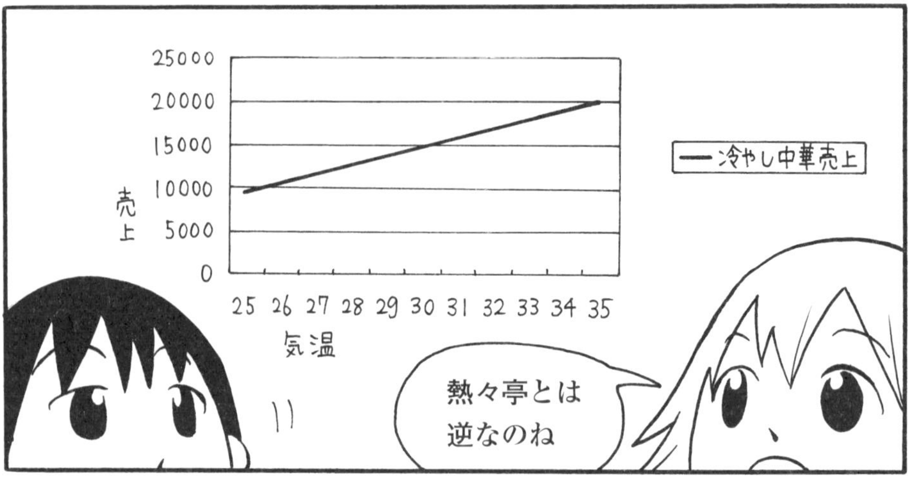
売上
25000
20000
15000
10000
5000
0
25 26 27 28 29 30 31 32 33 34 35
気温
冷やし中華売上
熱々亭とは逆なのね

この関係を利用して、もし気温が上がったら、収入が増える「冷やし屋」から収入が減る「熱々亭」にお金を渡し…
うん
冷
熱々亭

逆に気温が下がった場合には
収入が増える「熱々亭」から
収入が減る「冷やし屋」に

お金を渡すことを前もって
契約しておけばどうでしょう
冷
熱
安
定
おー！
それなら「熱々亭」も「冷やし屋」も
気温の上下にかかわらず
収入を安定させられるね！

そういうことです
このような手法を「**スワップ**」
といいます。
たとえばこの夏の予想平均気温が
30度だとして、これを基準に
こんな取引を行なうわけですね

熱
気温が30度より低かったら
1度につき1,000円払う
冷
熱々亭
冷やし屋
気温が30度より高かったら
1度につき1,000円払う
熱々亭と冷やし屋は
スワップ取引することによって
リスク・ヘッジできる
というわけです

スワップ取引の効果って？

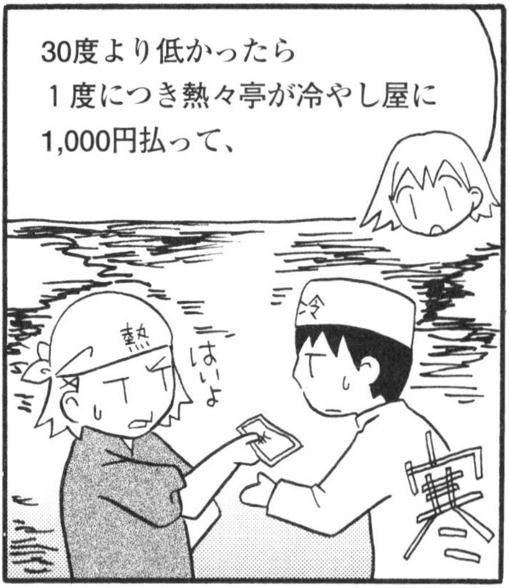
30度より低かったら
１度につき熱々亭が冷やし屋に
1,000円払って、
はいよ
熱
冷
寒

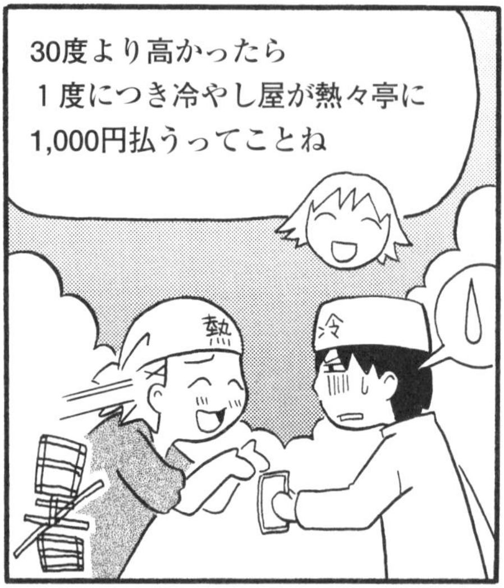
30度より高かったら
１度につき冷やし屋が熱々亭に
1,000円払うってことね
熱
冷
暑

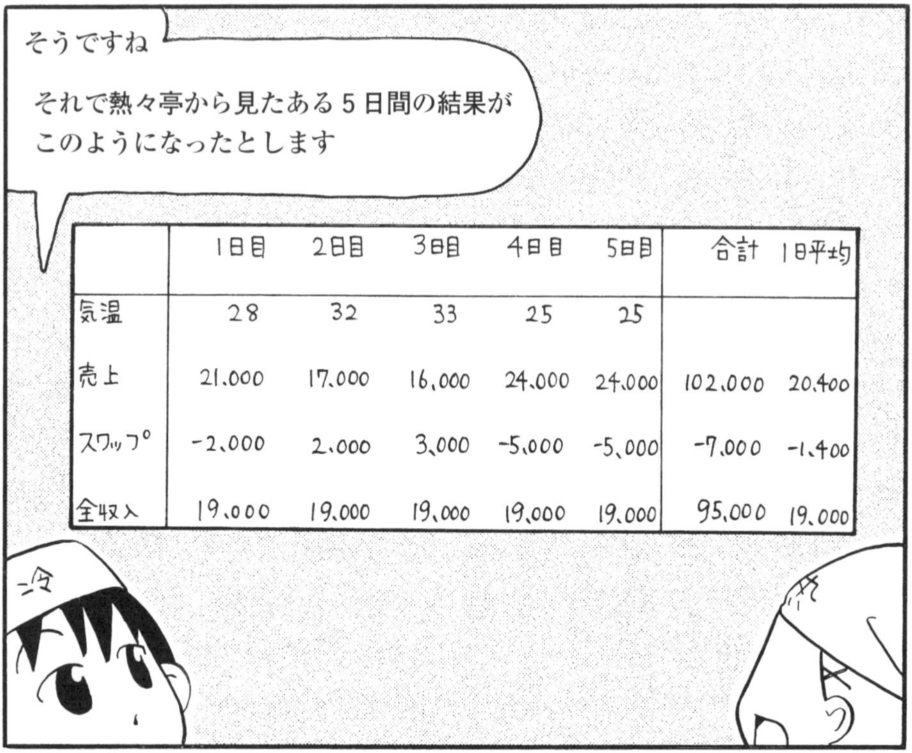
そうですね
それで熱々亭から見たある５日間の結果が
このようになったとします

	1日目	2日目	3日目	4日目	5日目	合計	1日平均
気温	28	32	33	25	25		
売上	21,000	17,000	16,000	24,000	24,000	102,000	20,400
スワップ	-2,000	2,000	3,000	-5,000	-5,000	-7,000	-1,400
全収入	19,000	19,000	19,000	19,000	19,000	95,000	19,000

スワップ取引をしていなかったら
熱々亭は１日平均20,400円の売上が
そのまま収入になっていたはずです
エヘヘ
ウフフ
¥
熱
予測ほど気温が上がらなかったから
売上はまずまずだったんだね
でもスワップ取引をしているので
熱々亭は１日平均1,400円、
５日間合計で7,000円
冷やし屋に払わなくてはなりません
熱
冷
儲けがあああ…
¥7,000
ダメじゃん！
損しちゃってるじゃん！
熱
冷
リスクとはそういうものなので
仕方ないですよー
フム…
熱

損しちゃうかもしれない可能性を回避するためにリスクを取り除けば、得する可能性もその分下がっちゃうのは仕方ないことです!!
でも、それじゃスワップ取引のメリットなんて、あまりないんじゃない?
熱
スワップ取引のメリットは予測できないことに気を取られずにおいしいラーメンを作るという本業に専念できるところでしょう
熱
秘伝のスープ
あー、なるほど
こんな感じで
「利益の可能性を放棄する」かわりに「損失の可能性を回避する」ことが金融工学の基本的な考え方なんですよ

取引の結果で
儲かるのか・損するのか
だけじゃなくて
ちゃんと本業のことを
考えることが大事なんだね
金融工学って聞くと難しく
考えてしまいますけど
使われる言葉の意味を一つずつ
しっかり理解していけば大丈夫ですよ
うん！
ラーメンの話してたらラーメンが
食べたくなってきちゃった！
お姉さんがおごってあげるから
ついてらっしゃい～！
ええ…!?
がしっ
ラーメン!!

補講 1

金融工学って何?

ファイナンス理論と金融工学

金融に関する諸問題を取り扱う理論は、広く**ファイナンス理論**と呼ばれます。ここには、

❶金融制度の課題やあるべき姿などを扱う**金融制度論**

❷企業が資金を調達する場合にどのような選択肢があって、それをどのように組み合わせるべきかということを論じる**企業金融論**

❸資産運用をする際に、株や債券などさまざまな資産をどのように組み合わせていくべきかを扱う**ポートフォリオ理論**

❹金融市場の構造や、債券・株式などの証券価格やリスクの分析を行なう**証券分析論**

など、さまざまなものが含まれています。

金融工学は、こうしたファイナンス理論の中でも、特に「**数学や物理学、統計学といった数理的な分析手法を駆使して、金融に伴うリスクの測定や金融商品の価格分析を行なう理論体系**」のことを指します。英語ではFinancial Engineeringといいます。

先ほどの分類でいうと、もともとは主に証券分析論の分野で発展してきたものですが、現在ではファイナンス理論の他の分野にも大きな影響を与えています。

いろいろな学問によるファイナンス理論の発展

ファイナンス理論は、さまざまな他の学問の助けを借りることによって大きな発展を遂げてきました。

たとえば､数学は最初からファイナンス理論には不可欠な存在で、多くの分野で活用されてきました。

また、物理学の影響によって第3章で説明する「ランダムウォーク理論」が生まれました。この理論は、金融工学にとってもオプションやリスク管理に関する理論の出発点となっています。

統計学も、ポートフォリオ理論などさまざまな分野で、ファイナンス理論には比較的早くから幅広く取り入れられています。

ですから、数学や統計学を使っているものすべてが金融工学というわけではありません。伝統的なファイナンス理論の中にも数理的な手法は部分的には取り入れられているのです。これに対して金融工学は、こうした数理的な学問の成果をより「本格的」に、かつ「体系的」に取り入れながら、整合性の取れた1つの理論体系としてまとめたものといえます。

しかし、金融工学は、ファイナンス理論の中の特殊な独立分野ではありません。

ファイナンス理論の近年の高度化、精密化には目覚しいものがあり、そしてそれを背景にさまざまな金融新技術や新商品がすさまじい速さで生み出されてきました。それはまさに革命的なほどの変化で、**金融技術革命**とも呼ばれています。1990年代以降の世界の経済構造の変化には、IT（情報技術）革命と並んで、この金融技術革命も少なからぬ影響を与えているといわれています。

そして、金融工学こそが、このファイナンス理論の高度化と、それに支えられた**金融技術革命の推進役**だったのです。

つまり、金融工学は、金融技術革命後の高度化された現代ファイナンス理論にとっては、理論的基盤であり、中核に位置するものといえます。

注意していただきたいのは、金融工学は完成された完璧な世界ではないということです。今なお発展を続けている現在進行形のものです。

さらに金融工学は、金融取引を基本的に数式によって合理的かつ正確に記述しようとするものですが、それだけではどうしても現実

○金融工学の位置づけ○

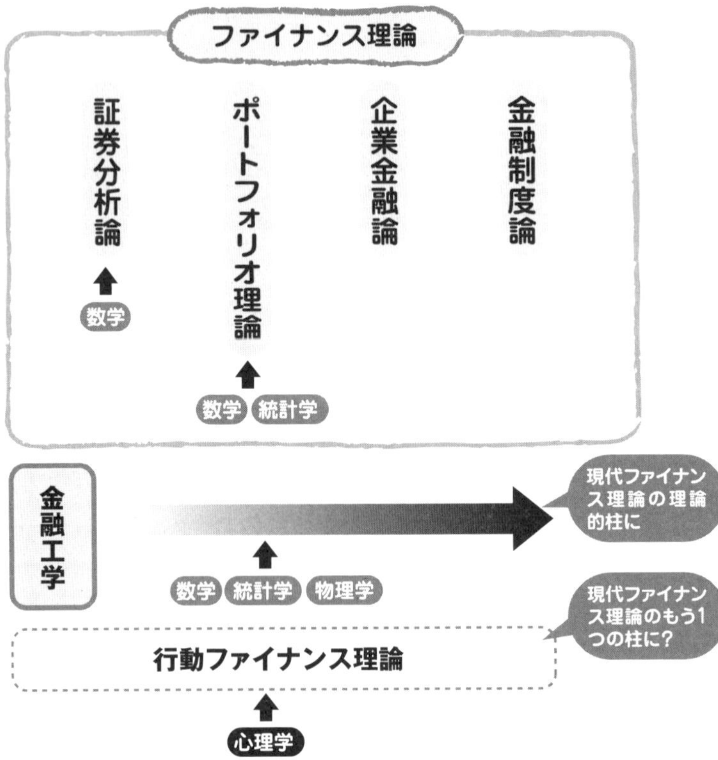

ファイナンス理論
証券分析論
数学
ポートフォリオ理論
数学
統計学
企業金融論
金融制度論
金融工学
数学
統計学
物理学
現代ファイナンス理論の理論的柱に
行動ファイナンス理論
心理学
現代ファイナンス理論のもう1つの柱に？

に起こっていることを完全には説明しきれないという限界もあります。特に、現実の金融に大きな影響を与える人間心理については、なかなかきっちりと数学で表現できるというものではありません。

そこで、最近では、ファイナンス理論への心理学の応用が進んでいます。これが**行動ファイナンス理論**と呼ばれるものです。行動ファイナンス理論は、まだまだ未成熟な分野ですが、将来的には、金融工学と並んでファイナンス理論の理論的な支柱になっていくのではないかと思います。

金融工学って？

➲金融工学とは、数学や物理学、統計学を使って、金融商品のリスクや価格分析を行なう理論のこと。

金融工学の位置づけ

➲金融工学は、多くの新ビジネスを生んだ金融技術革命の推進役であり、現代ファイナンス理論の理論的基盤である。

補講 2

デリバティブって何？

金融工学の大きな柱

金融工学の具体的な成果としては、**デリバティブ**（派生商品取引）に関する理論と、**リスク管理**に関する理論が２本柱としてあげられます。

○金融工学の２つの柱○

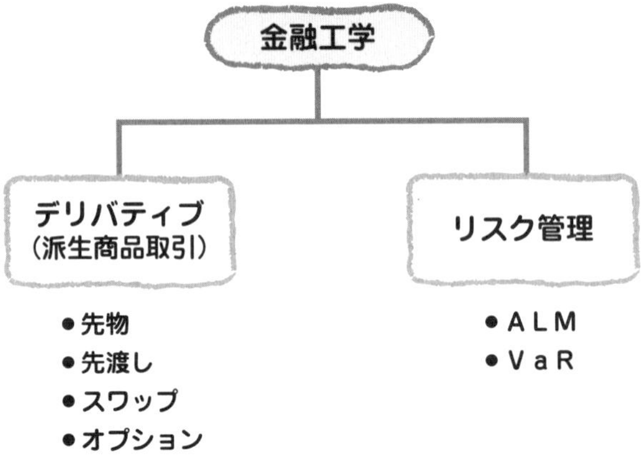

リスク管理については後ほど取り上げるとして、まずは、デリバティブについて見ていくことにしましょう。

デリバティブ（派生商品取引）というのは、株や債券、為替などといった資産のリスクだけを取り出して売買したり、加工したりするものをいいます。

もとの資産のことを**原資産**といい、その原資産から派生する価格変動などのリスクだけを売買することから**派生商品**（取引）、すなわち英語でderivatives（デリバティブ）というのです。

○派生商品というわけ○

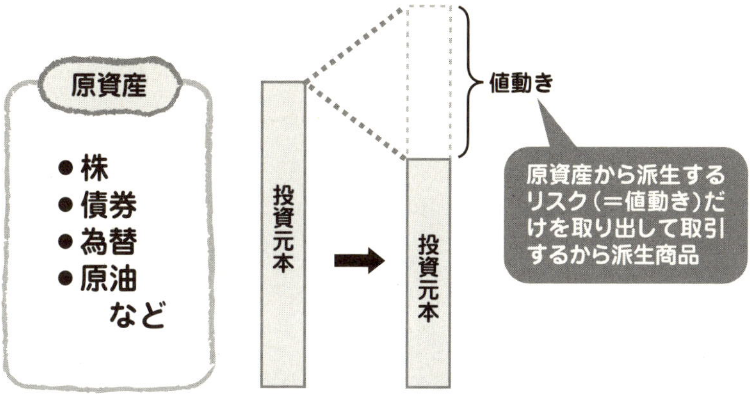
原資産
●株
●債券
●為替
●原油
など
投資元本
投資元本
値動き
原資産から派生するリスク（＝値動き）だけを取り出して取引するから派生商品

もう少し具体的に見ていきましょう。

デリバティブには、大きく分けると**❶先物、❷先渡し、❸スワップ、❹オプション**があります。マンガでは菜々子さんに、気温を対象としたスワップ取引（ウエザー・デリバティブといいます）の例を出して説明をしましたが、ここでは先物を例にとって、デリバティブの基本的な機能を説明しましょう。

先物のしくみ

たとえば、日経平均先物というものがあります。

日経平均（225種）は、日本の株式市場の代表的な銘柄225社の株価を平均して算出しているものです。新聞やテレビでもよく使われていますよね。

それでは、日本の景気もよくなりそうだし、そうすると日経平均も上がるだろうから、ぜひ日経平均に投資をしたいと考えたとしましょう。

日経平均は、225社の株価の平均ですから、実際に日経平均と同じ損益を実現しようと思ったら、225社分の株を買わなければなりません。そして、株を買うためには実際に購入代金を支払う必要があります。

現実には225社分の株を全部買ったら、かなりの金額になりますが、ここでは単純化のために100万円かかったとしましょう。買った後で日経平均が１％値上がりしたら100万円の１％ですから１万円の収益になります。１％値下がりしたら１万円の損失です。

さて、ここで、現実の資産（これを「現物＝げんぶつ」といったりします）ではなく、その値動きだけを取引するとしたらどうでしょうか。

つまり、100万円分の日経平均を買ったことにして、日経平均が１％上がったら１万円受け取ることができ、日経平均が１％下がったら１万円の支払いをします。ただそれだけで、225社分の株を買う必要もなければ、100万円の現金を用意しておく必要もありません。

このやり方ならば、「日経平均を売る」ということも簡単にできます。

実際に株を売るためには、その株をすでに持っているか、そうでなければ借りてくることによって売る株を用意しなければなりません（株を借りて売ることを「空《カラ》売り」といいます）。

しかし、たとえば100万円分の日経平均を売ったことにして、１％値下がりしたら１万円を受け取れ、１％値上がりしたら１万円を支払うということにすれば、すでに株を持っていなくても、あるいは株を借りてこなくても、「日経平均を売った」のとまったく同じことになります。

これが、現実の資産ではなくて、そこから派生する価格変動だけを取引するということです。まさにこれを実現するのが、日経平均先物なのです。

なぜ先物と呼ぶのかというと、受渡期日、つまり最終的な清算日が少し先の日付になっているのです。受渡期日が先なので、買った場合でもその日まで購入代金を支払う必要がありません。さらに受渡期日までに反対売買（買ったものを売りはらったり、空売りしたものを買い戻したりすること）をしてしまえば、「買い→売り」で結果として株は手元に残りません。結局、購入代金は永久に払わなくてすみ、買った値段と売った値段の差額分、つまり**価格変動分だけを清算すればいい**ことになります。

もっとも、実際の先物取引にあたっては、差額分がきちんと清算されることが保証されるように、証拠金と呼ばれる担保金をつんでおく必要があります。でもその金額は、現実の資産を売買するときに比べたら少額であり、価格変動分だけを清算するという先物の基本的機能には変わりがありません。

デリバティブの意義

それではなぜ、価格変動分だけを清算する取引の必要があるのでしょうか。

たとえば、１か月後に100万円のお金が確実に入ってくることがわかっていて、それを株で運用したいという場合を考えてみましょう。現実に株を買うためには購入代金を用意しなければならないので、お金を借りてくるのでない限り、株が買えるのは100万円が入ってくる１か月後ということになります。

でも、その１か月の間に株価が大きく上がってしまいそうだと考えているとしたらどうでしょうか。得られるかもしれない利益をみすみす見逃してしまうことになります。

その場合は、まず先物を買っておき、実際にお金が入ってきたときに、その先物を反対売買して清算し、それと同時に現実の株を買えばいいのです。その１か月の間に本当に株価が上がっていたとしても、その上昇分は先物の売買益として獲得できますから、チャンスを逃すことにはならないのです（下図参照）。

○株を今買いたいのに、購入資金がすぐに用意できない！○

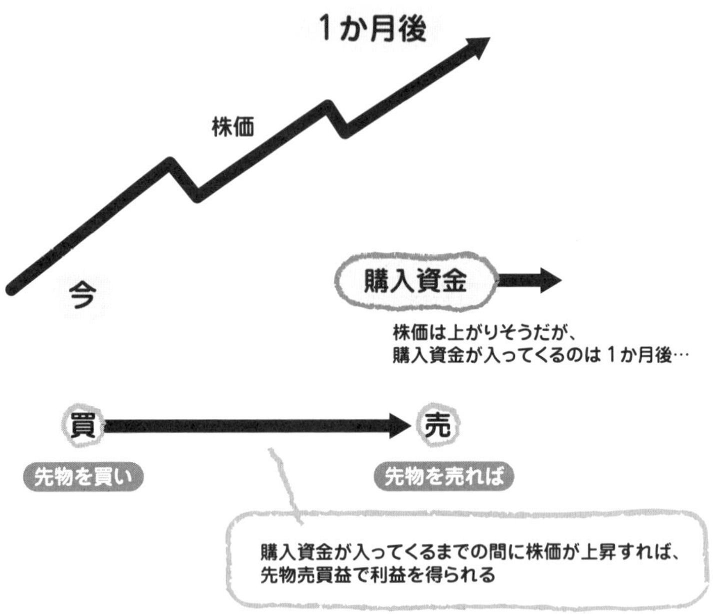

1か月後
株価
今
購入資金
株価は上がりそうだが、
購入資金が入ってくるのは１か月後…
買
売
先物を買い
先物を売れば
購入資金が入ってくるまでの間に株価が上昇すれば、
先物売買益で利益を得られる

別のケースも考えてみましょう。

大きな金融機関で、さまざまな銘柄の株を多数保有しているケースを想定します。当然のことながら、株価が下がれば資産価値が減少し、損失をこうむってしまいます。

さて、ここで、株式市場に影が差し、株価が大きく下落するかもしれないと考えたとします。でも、いろいろな銘柄の株を一斉に売りに出したら、そのこと自体がきっかけで株価が大きく下落するかもしれません。あるいは、重要な取引先の株で、売りたくてもそうはできないかもしれません。

この場合も、先物だけを売ることによって、保有株を売らずに株

○株を売りたいのに、売れない事情がある！○

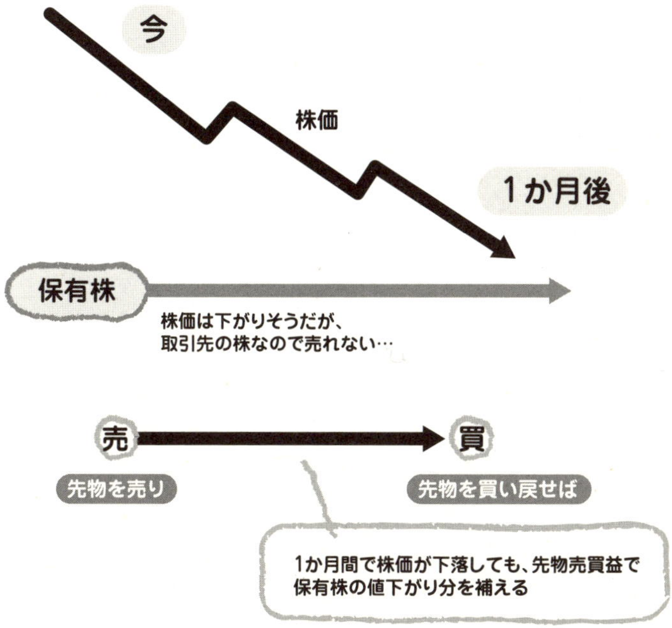
今
株価
1か月後
保有株
株価は下がりそうだが、
取引先の株なので売れない…
売
買
先物を売り
先物を買い戻せば
1か月間で株価が下落しても、先物売買益で
保有株の値下がり分を補える

価下落リスクを回避（リスクを回避することをリスク・ヘッジ、または単にヘッジといいます）することが可能になります。この場合は、保有株自体は売らずに持っているままなので、株価下落によって資産価値は低下します。しかし、日経平均の下落分は先物売買で利益となりますので、損失を穴埋めすることができるのです（前ページ図を参照）。

もちろん、いずれの場合も、株価が予測と違う方向にいってしまった場合には、先物の売買損が発生してしまいます。でも、マンガで説明したとおり、利益の可能性を追求するためには損失を覚悟しなければならず、逆に損失の危険性を回避するためには利益の可能性を放棄することが必要なのでしたね。

つまり、デリバティブの存在は、利益の可能性を追求するか、損失の危険を回避するか、自分の判断で機動的に行動が起こせるようにするものだといえます。熱々亭と冷やし屋の例でいえば、彼らは本業に専念をするために気温の変動から発生するリスクを取り除くという判断を下したということになります。そして、それを可能にするのがデリバティブです。

デリバティブは、新たな利益を保証するものではないとしても、それを使いこなせる人には**大きな可能性と選択肢を与える**ものといえます。自分の判断に基づいた行動が、デリバティブによって可能になるのです。

そして、そのことが、「デリバティブ・デバイド」すなわちデリバティブを使いこなせるかそうでないかによって可能性が大きく違ってくるという状況を生み出すもととなるのです。

金融工学におけるデリバティブの位置づけは？

➡金融工学には、デリバティブとリスク管理という２本の柱がある。

デリバティブにはどんなものがある？

➡デリバティブには大きく分けて、「先物」「先渡し」「スワップ」「オプション」がある。

デリバティブ（先物）の機能は？

➡デリバティブ（先物）は、現実の資産を「買ったこと」にしたり、「売ったこと」にしたりして、価格が変動した分だけを清算する取引である。

なぜデリバティブが必要なの？

➡デリバティブは、購入代金や株券を用意しなくても売買ができるため、思い通りの取引が可能である。つまり、デリバティブの利用によって、選択肢を増やし、可能性を手にすることができる。

補講3

いろいろあるぞ デリバティブの種類

ここでは、先ほどの分類に従って、デリバティブにはどのような種類の取引があるのかを簡単にまとめておきましょう。

先物（フューチャー）の特徴

先物は、**フューチャー**とも呼ばれます。先物の中で代表的なものが、先ほどの説明に使った日経平均先物です。特徴をもう一度まとめておきましょう。

日経平均先物にみる「先物の特徴」

- 証拠金（差額決済の担保となるもの）が必要
- 購入代金（買う場合）や株式（売却する場合）を準備する必要はない
- 買った場合は、日経平均が値上がりした分が利益となり、値下がりした分が損失となる
- 売った場合には、日経平均が値下がりした分が利益となり、値上がりした分が損失となる
- 先物の期日は少し先の日付に設定されている（具体的には3月、6月、9月、12月いずれかの第2金曜日）
- 先物の期日が来る前に反対売買をすれば、買値と売値の差額分の決済をして取引が完了する
- 反対売買をしないで期日を迎えた場合には、一定の算出方法で決められた清算価格で清算が行なわれる
- 取引所に上場されており、取引所の会員の場合は直接、会員でない場合は仲介業者を通じて取引所に注文を出して取引をする

先物には、日経平均先物以外にも、さまざまな種類のものがあります。海外を見てみると、主要先進国の株価であれば、大体それぞれの国の取引所などで取引がなされています。

株価だけでなく、金利や債券についても先物取引が行なわれています。これも主要先進国であれば大体整備されています。日本でいえば、

- **金利先物**……３か月銀行間預金金利（銀行間で取引される期間3か月の資金の貸し借りの金利）の先物
- **債券先物**……10年国債（日本政府が資金調達のために発行する債券）の先物

があります。対象となる資産が違いますので、それぞれ細かい条件が日経平均先物とは異なりますが、機能的にはほぼ似た機能を持つ取引です。

為替については、先物取引がないことはないのですが、次に述べる先渡し取引のほうが一般的で、それほど活発には行なわれていません。

また、株や金利、債券といった金融資産以外にも、金や原油などの先物取引が活発に行なわれています。こうした非金融資産を、一般的には「コモディティ」とか単に「商品」といったりします。金、原油だけではなく、鉱物資源から農産物まで、実にさまざまなものが先物として取引されています。

先渡し（フォワード）の特徴

先渡しは、**フォワード**とも呼ばれています。基本的な特徴は先物とほとんど同じです。違う点は、取引所に上場されているかどうかです。

先物は取引所に上場されていますが、**先渡しの場合は取引所に上場されていません**。したがって、取引所を介して取引するのではなく、直接あるいは仲介業者を介して、取引相手を個別に見つけて取引を行ないます。こうした取引を**店頭取引**、もしくは英語のOver The Counter（カウンター越し）の頭文字をとって**OTC取引**といいます。

ちなみに、店頭取引が行なわれるデリバティブを店頭デリバティブ（もしくはOTCデリバティブ）といい、先物のように取引所に上場されているものは上場デリバティブといいます。上場デリバティブも大きな市場を形成していますが、店頭デリバティブはさらにそれを大きく上回る市場規模を誇っています。

店頭取引の最大の特徴は、取引が取引相手との間の契約にすぎないので、両者が合意すれば、誰にはばかることなく取引条件を柔軟に決めることができるという点です。

取引所で取引される先物の場合は、期日や清算のやり方など、すべて取引所が定めた条件に合わせて売買する必要があります。しかし、店頭取引では、さまざまな条件を当事者間で自由に決めることができるのです。

店頭取引（カウンター越し）といっても、証券会社や銀行の店頭窓口で行なわれている取引という意味ではありません。あくまでも取引所取引に対する言葉として使われています。実際には、窓口ではなく、電話や電子データのやり取りによって取引が行なわれています。

先渡し取引もまた、いろいろな資産を対象にして幅広く行なわれています。特に為替（ドルと円の交換取引など）の先渡し取引は非常に活発です。

たとえば、ある輸出企業で、1年後に1万ドルの収入が予定されているとします。現在の為替レートが1ドル=120円として、このレートで円換算すると120万円の収入になります。

しかし、1年後、実際にドルの収入を手にするときには為替レートは大きく変動している可能性があります。もし1ドル=100円になっていたら、1万ドルを円に換えると100万円にしかなりません。これが為替リスクです（それとは裏腹に、1ドル＝140円になっていて、収入が140万円になる可能性もあります）。

そうしたリスクを避けるために、1年後を期日として、1万ドルを売って円に換える予約取引を銀行と締結します。これがフォワード取引です。為替予約ということもあります。

このフォワード取引のレートは、現在の為替レートとは若干異なってきます。期日までの期間と、この場合でしたら円とドルの金利の水準の違いによってレートが変わってくるのです。今の環境だと、現時点での為替レートが120円として、それよりも小さなレート、たとえば1年後で116円くらいの水準になります。

ですから、フォワード取引によって、1年後に入ってくる1万ドルを116万円に交換する予約をするということになります。

現在の為替レートで計算した120万円よりも若干目減りしてしまうように見えますが、これは為替リスクを避けるためのコストと考えるしかありません。そして、実際の1年後の為替レートが100円になっていようが140円になっていようが、フォワード契約を結んでいる限り、円での収入額は116万円で確定することができますので、これをもとにしてしっかりとした予算を立てることが可能になります。

○先渡しの利用例○

今の1万ドル
=
120万円
1年後
1年後の1万ドル
=
100万円？
140万円？
⋮
価格が未定
先渡し取引を利用
今の1万ドル
=
120万円
1年後
1年後の1万ドル
=
116万円！
⋮
価格が確定
予算立ても可能

先渡しの場合も、先物と同じように、受渡期日が先なので、実際にドルや円の資金を移動させずに為替リスクを回避することができます。また、期日までに反対売買をすれば、ドル資金を受け渡しすることなく、価格変動の差額だけを精算することができます。

スワップの特徴

スワップとは、**キャッシュフローの交換取引**のことを指します。スワップも店頭デリバティブです。

スワップは、デリバティブの王様といっていい存在で、基本的にはどんなものでもスワップの交換の対象になります。したがって、先物や先渡しと同じような効果を持たせることもできますし、次に述べるオプションの性格を持つものもあります。

スワップには、異なった種類の金利を交換する金利スワップ、異なる通貨のキャッシュフローを交換する通貨スワップ、さらには株価変動に基づいた交換をするエクイティ・スワップなど、さまざまな種類のものがあります。

スワップの取引額や取引残高はまさに天文学的な大きさで、世界中のありとあらゆる市場の中でも群を抜いて大きい規模になっています。このスワップについては、第2章でもう少し詳しく見ていくことにしましょう。

オプションの特徴

オプションは、たとえば「対象となる資産が値上がりすると利益が増えるのに値下がりしても損失は増えない」というような不思議な性質を持つ取引です。このオプションについては、第3章で詳しく見ていきます。

オプションは、デリバティブの中でも一番複雑で難しい分野であると同時に、デリバティブの「粋《すい》」といってもいい取引です。

オプションには、先ほど説明した先物取引を対象としたオプション取引（上場オプション）と、それ以外の資産を対象としたオプション取引（店頭オプション）があり、全体で見るとやはり巨大な市場を形成しています。

デリバティブの対象

今までの説明でも触れてきたとおり、デリバティブの対象となるものはさまざまです。株、債券、預金金利、為替（通貨）などが代表格ですが、原油や金、あるいは天候などもその対象になります。企業の信用力（倒産する可能性がどのくらいあるか）を対象とするクレジット・デリバティブというものもあり、これは、ここ数年で飛躍的に拡大している分野です。

変わったところでは、たとえば将来のインフレ（消費者物価上昇）率などを対象にしたデリバティブもあります。今後10年間のインフレ率が年率１％よりも高くなれば利益が出て、低くなれば損失が出るというような取引です。

理屈の上では、合理的な見積もりができるものなら、**ありとあらゆるものがデリバティブの対象になりうる**といってよいでしょう。

「先物」って？

➲先物とは、先の日付で取引をするため、購入代金や売却資産を用意しなくても売買ができる取引。先物は、上場デリバティブである。

「先渡し」って？

➲先渡しとは、機能的には先物と変わらないが、取引所に上場されていない店頭デリバティブである。

「スワップ」って？

➲スワップとは、キャッシュフローの交換取引のこと。スワップは店頭取引で、巨大な市場を持つデリバティブの王様である。

☛スワップの詳しい説明は第２章で！

「オプション」って？

➲オプションとは、特殊な損益特性を持つデリバティブのこと。オプションには、上場オプションと店頭オプションとがある。

☛オプションの詳しい説明は第３章で！

デリバティブの対象となる資産は？

➲株、通貨、債券、金、原油、天候、クレジット（企業の倒産の可能性）、インフレ率など、ありとあらゆるものが対象になる。

補講4

新しくて古い デリバティブの歴史

デリバティブ取引は、1970年代にアメリカで始まったといわれています。1980年代に入ると、スワップを中心とした店頭デリバティブの市場が急拡大していきます。日本でデリバティブの普及が始まったのもこのころです。そして1990年代以降、対象となる資産の種類が飛躍的に増えたことや、デリバティブ理論の高度化、新商品の開発が絶え間なく進行したことなどから、今ではすべての金融ビジネスに不可欠な世界最大の市場となっています。

こうしてみると、デリバティブは、市場の規模は大きくても、たかだかここ20～30年の間に急成長した比較的新しい分野ということもできます。

しかし、歴史をさらにさかのぼると、デリバティブは意外なほどに古くから人類の歴史に馴染んできたものだということがわかります。その起源は古代ギリシャ時代であるという説もありますが、ここでは近現代史におけるデリバティブの主な事例を紹介しましょう。

オランダのチューリップ市場

チューリップ大国のオランダでは、早くからチューリップ市場が発展し、17世紀にはチューリップの球根が信じられないような高値にまで上昇した後で急落するという、まさにチューリップ・バブルを経験しています。

すでにこのころ、現在のオプション取引と非常によく似た取引が行なわれていたといわれています。

堂島コメ市場

江戸時代の日本では、大阪の堂島で巨大なコメ市場が形成されていました。そこではコメそのものだけではなく、先物に相当する取引が活発に行なわれていました。

取引規模が大きかっただけでなく、市場もよく整備されており、現在の先物市場を先取りしたものともいわれています。

現代の金融デリバティブに関してはアメリカに大きく出遅れた日本ですが、実は江戸時代には**世界に冠たるデリバティブ大国**だったのです。

○デリバティブの歴史○

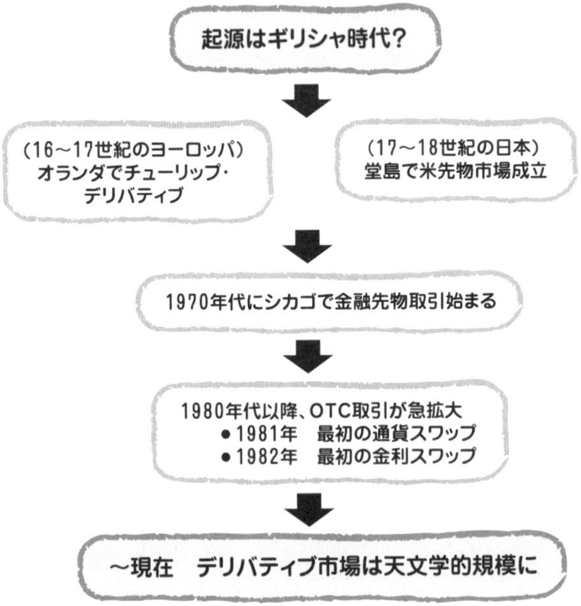

起源はギリシャ時代？
（16〜17世紀のヨーロッパ）
オランダでチューリップ・
デリバティブ
（17〜18世紀の日本）
堂島で米先物市場成立
1970年代にシカゴで金融先物取引始まる
1980年代以降、OTC取引が急拡大
●1981年　最初の通貨スワップ
●1982年　最初の金利スワップ
〜現在　デリバティブ市場は天文学的規模に

番外編？の「薩長連合」

もう１つ、厳密にはデリバティブとはいえないかもしれませんが、ある意味でデリバティブの重要な特徴を持っている歴史的事件を見てみましょう。

時は幕末、幕府政治は揺らぎ、政治的な混乱が世を覆っていました。しかし、幕府に対抗しうる２大勢力であった薩摩藩と長州藩が犬猿の仲で、お互いにいがみ合ってばかりいたのです。

薩摩と長州が手を結ばなければ幕府にかわりうる新しい政治勢力は生まれない、と当時の多くの志士たちが思っていたのですが、それを実現するすべはなかなか見つかりませんでした。

そんなとき、土佐出身の浪人、坂本竜馬は、奇妙な取引を薩長両藩に持ちかけます。

当時長州藩は経済大国で、お金もコメも十分に持っていました。しかし幕府と対立していたため、誰もが幕府ににらまれることを恐れて長州藩と取引をしたがらず、したがって武器を購入することができませんでした。

一方の薩摩藩は、長州藩のようには幕府と対立しておらず、幕府も薩摩藩には遠慮をしていたため、武器を購入することは容易でした。しかし、薩摩は、サツマイモの産地ではありますが、コメの収穫量が少なく、いつも不足するコメを市場で高値で購入しなければならないという問題を抱えていました。

竜馬が持ちかけたのは、薩長両藩がそれぞれ抱えるニーズとリスクを交換する取引だったのです。

つまり、長州藩にとってのリスクは、武器を購入できないまま幕府との戦争が始まってしまえば、とても勝ち目がないというところにありました。したがって長州藩は、お金やコメはいくら使ってもかまわないから、なんとか武器を購入したいと思っていたのです。

一方の薩摩藩にとっては、コメの市場価格が上がってしまえば、財政支出が圧迫されるというリスクを抱えています。当時は政情不安などでコメの値段が急騰しやすくなっており、なんとしても安定したコメの調達を確保することが、藩財政上の大きな課題だったのです。

そこで竜馬は、①長州藩が武器を買えるように、薩摩藩が自分の名義を長州藩に貸す、②長州藩はその見返りに、豊富に持っているコメを薩摩藩に安価で提供する、という交換取引を提案したのです。つまり、武器とコメのスワップ取引です。

薩摩藩と長州藩は互いにいがみ合ってはいたものの、この取引はお互いにとってメリットが大きいものだったために、結局どちらもこの提案に乗ってくることになりました。

○坂本竜馬の「武器・コメスワップ」○

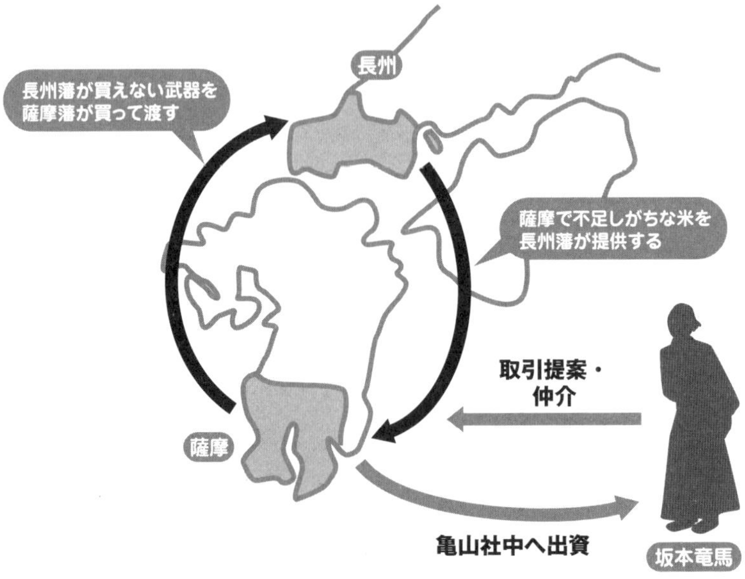
長州
長州藩が買えない武器を
薩摩藩が買って渡す
薩摩で不足しがちな米を
長州藩が提供する
取引提案・
仲介
薩摩
亀山社中へ出資
坂本竜馬

そして、この取引をきっかけに薩長両藩の関係は、それまでの犬猿の仲ともいえる関係から、お互いを利する取引相手同士の関係に変化します。そして、ゆっくりとではありますが、対話や人の交流が生まれ、ついに全面提携である薩長連合が実現することになったのです。この薩長連合が、それからおよそ2年後に成就した明治維新の基礎となったことはいうまでもありません。

竜馬の「武器・コメスワップ」が持つ大きな特徴

この取引では、武器とコメという実物資産が交換されています。その意味で厳密にデリバティブとはいいにくいのですが、1つの点において、単なる実物資産の取引というよりはデリバティブの特徴を備えた取引ということができるのです。

それは、**お互いのニーズやリスクを、オーダーメイドで交換する**という点です。たとえば、武器の購入に関しては、「薩摩藩が買ったことにして、それを長州藩に回す」ということになっています。長州藩は武器を買うお金を持っているのだから、ほしいのは武器を買えるルートだけです。長州藩が求めるものだけを薩摩藩が提供するという点でデリバティブ的といえます。コメに関しても、この武器取引名義貸しの対価として、それと価値が等しいと考えられるコメの提供が長州藩から薩摩藩に行なわれます。

つまり、単に現物資産を交換しているのではなく、お互いのニーズそのものを、お互いが納得できる条件で交換しているといえるのです。

これこそが、デリバティブ——特にスワップ——の重要な特徴です。お互いのニーズやリスクを、お互いが納得できる条件で交換することを可能にする取引ですから、取引当事者の双方に利益を与えます。お互いがハッピーな取引なのです。竜馬のスワップ取引が薩長連合を実現したように、この基本的特徴こそ、デリバティブ市場が短期間のうちに天文学的といわれるほどの巨大市場に成長を遂げた大きな背景になっています。

ちなみに、取引当事者のニーズやリスクを把握し、両者が満足できる取引を提案した竜馬の役割は、**アレンジャー**と呼ばれ、現在では証券会社、銀行などが担っています。

そしてアレンジャーは、取引が成立した暁には、その対価として手数料を受け取ります。

薩長間の武器・コメスワップ取引のアレンジャーだった坂本竜馬も、彼が経営する亀山社中（後の海援隊）に薩摩藩の出資を受けたり、長州藩の武器取引の仲介手数料を得たりしました。これが、アレンジャーとしての報酬だったと考えられます。日本における海軍と商社の先駆者といわれる坂本竜馬ですが、デリバティブのアレンジャーとしても先駆的存在だったといってもいいかもしれません。

そして工学的ビジネスの時代へ

1970年代から80年代前半にかけて、米国を中心に現代デリバティブ・ビジネスが誕生した当時、取引所以外で行なわれる店頭デリバティブにおいては、竜馬がやったような提案・仲介型の取引形態が主流でした。

アレンジャーが正反対のニーズやリスクを持つ取引先を探してきて、お互いが納得できる取引条件を探るというビジネスモデルです。

今でもデリバティブ取引の本質そのものは変わりませんが、そのビジネスモデルは、多様な市場の発展と金融工学の高度化によって大きな変貌を遂げています。

たとえば、今では市場機能が非常に発達しているため、無理に探してこなくても取引相手を簡単に見つけることができます。

ある顧客と取引をした金融機関は、その反対側のニーズを持つ取引先を自分で探さなくても、そうした顧客と取引をしている他の金融機関と取引することによって同じ効果を得ることができます。つまり、反対のニーズを持つ顧客同士が直接結びつくのではなく、いったん金融機関が取引相手となり、そうしたさまざまな取引を抱えた金融機関同士が別の場で取引をしあう形になっているのです。

○デリバティブのビジネス形態の変化○

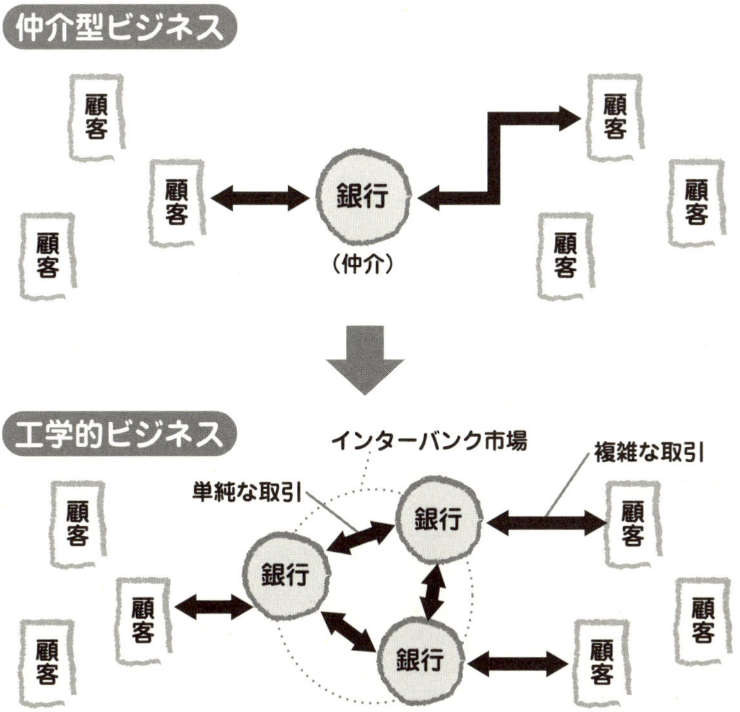
仲介型ビジネス
顧客
顧客
顧客
銀行
（仲介）
顧客
顧客
顧客
工学的ビジネス
インターバンク市場
単純な取引
複雑な取引
顧客
顧客
顧客
銀行
銀行
銀行
顧客
顧客
顧客

工学的な設計能力が求められるビジネスへ

銀行や証券会社が参加している金融機関同士の市場、これを**インターバンク市場**といいますが、ここでは、取引が常に活発に行なわれていて、取引相手を探す手間がほとんどかかりません。

一方で、こうした市場では、さまざまな参加者がたくさんの取引を簡単にできるように、取引がある程度、規格化されています。上場取引では取引所が決めた条件で取引が行なわれるといいましたが、店頭取引（特にインターバンク取引）でも同様に、あらかじめ決められた形で取引をする傾向が強くなっているのです。つまり、市場では取引相手を見つけることは簡単なのですが、取引そのものが定型化されたものであるため、個々の参加者のニーズにぴったりというわけにはいかなくなっているということです。

もちろん、店頭取引なのですから、ニーズにぴったり来るような取引をすることが不可能なわけではありません。しかし、複雑で個別性の強い取引を市場に持ち込むと、取引の条件が悪くなって、余計なコストがかかることになってしまいます。

たとえば、銀行がある企業から特殊で複雑な取引のオーダーを受けたとします。銀行は、その企業とは正反対のニーズを持つ相手を探してこなければなりません。しかし、そうした取引は、インターバンク市場で活発に取引されているような取引の規格には合いませんし、それでもなんとか市場で取引を行なおうとするとコストがかかって、収益が吹き飛んでしまいます。

そこでどうするかというと、その特殊で複雑な取引をいくつもの単純な取引に分解して、その分解した単純な取引を市場で売買するようにしているのです。

どんな複雑な取引も、その取引を引き受けた銀行や証券会社が単純な取引に分解してしまうので、たとえば薩摩藩のニーズを引き受ける相手が長州藩であるというような明確な関係はありません。

つまり、坂本竜馬がいろいろな藩といろいろな取引を行ない、それらを組み合わせて薩摩藩のニーズにぴったりの取引を持ってくるようなものです。

そして薩摩藩にとっては、取引相手は坂本竜馬だけであり、坂本竜馬が薩摩藩から借りた名義を誰に貸しているのか、あるいは薩摩藩が安価に調達できるコメがどの藩のものなのかはわからなくなっています。

薩摩藩だけではありません。坂本竜馬もまた、薩摩藩から借りた名義を市場で見つけた相手に貸し出し、コメも市場で調達してくるので、最終的にその取引の行き着く先が誰なのか、竜馬自身にもはっきりとはわからないのです。

こうした現在のデリバティブ取引においては、アレンジャーは取引を仲介するのではなく、顧客の個別のオーダーを受けて取引を設計し、そのために必要ないくつもの部品を市場で調達してきて、それらを加工し、組み立てて販売するということを行ないます。仲介型というよりも受注生産型のビジネスに近くなっているのです。

こうした受注生産型ビジネスでは、一般的に取引されているような単純な取引を組み合わせて、いかに顧客のニーズに応じた特殊な商品を作れるかが金融機関にとっての競争力の源であり、そうした**"工学的"な設計能力**が金融ビジネスにはますます必要になってきているということができます。もちろんこうした"工学的"なビジネスモデルが可能になったのも、金融工学の目覚しい発展があったからに他なりません。

ここで述べた"工学的"なビジネスモデルというのは、非常に高度で複雑なものですので、簡単にはイメージすることが難しいかもしれません。

本書ではこれ以上の説明をしませんが、現在のデリバティブ・ビジネスは、単に注文を右から左へつなぐだけのものではなく、オーダーメイドで一つひとつ設計して作り上げていくものであるということをぜひ頭に入れていただきたいと思います。

デリバティブにはどんな歴史があるの？

➡現在のデリバティブは1970年代にアメリカで生まれた。しかし、それ以前にもデリバティブは存在した。

なぜデリバティブは急成長したの？

➡デリバティブは、参加者すべてに恩恵を与えうる取引であるために、急速に発展した。

デリバティブはどのように変化してきたの？

➡当初の提案・仲介型から、オーダーメイドの受注生産型ビジネス、すなわち“工学的”なビジネスへと変貌を遂げた。その背景には、市場機能の発達と、金融工学の高度化がある。

第2章

菜々子、キャッシュフローとスワップに驚く

さぁ〜って
優くんの家にいくかー！
といってもすぐお隣だけど…
んー！？
あの子…
森澤
優くん家の前で
何やってんだろ…？
どうかしたのー？
え
あ…！
なんでもありません…！
あ
はは
ぴゅー
？

ガチャ
…
!!
キ
鍵かけてやったぞー
ったく物騒だなぁ
玄関の鍵も
かけてないなんて…
だからって勝手に
入ってこないでくださいよー！
どっこいしょ
まぁまぁ、いいじゃないかー
お隣のよしみってことで
優くん家の前で
立ち止まって…
ドキドキドキドキ
そんなことより家の前に
不審人物がいたぞー
え!?
えーと…
どっ
どんな人だったん
ですか!?

優くんと
同い年くらいの
女の子だよー
ええっ!?
スッ
もういないよ～…
さてはあの子は…
ウヒヒヒ
今日もこないだの続きを
聞きに来たんでしょ!?
始めますよ
ゴホン
よろしくー
優先生

キャッシュフローのお話

へぇ～
じゃあ、こないだやったスワップも？
熱々亭
熱
冷やし屋
冷
はい
株も債券も預金も外貨取引もすべてはキャッシュフローの集合体です
株
債券
預金
外貨取引
なるほど…
これも簡単な例で見てみましょう
うんうん
たとえば銀行からお金を借りたとしましょう
○×銀行
ほう？

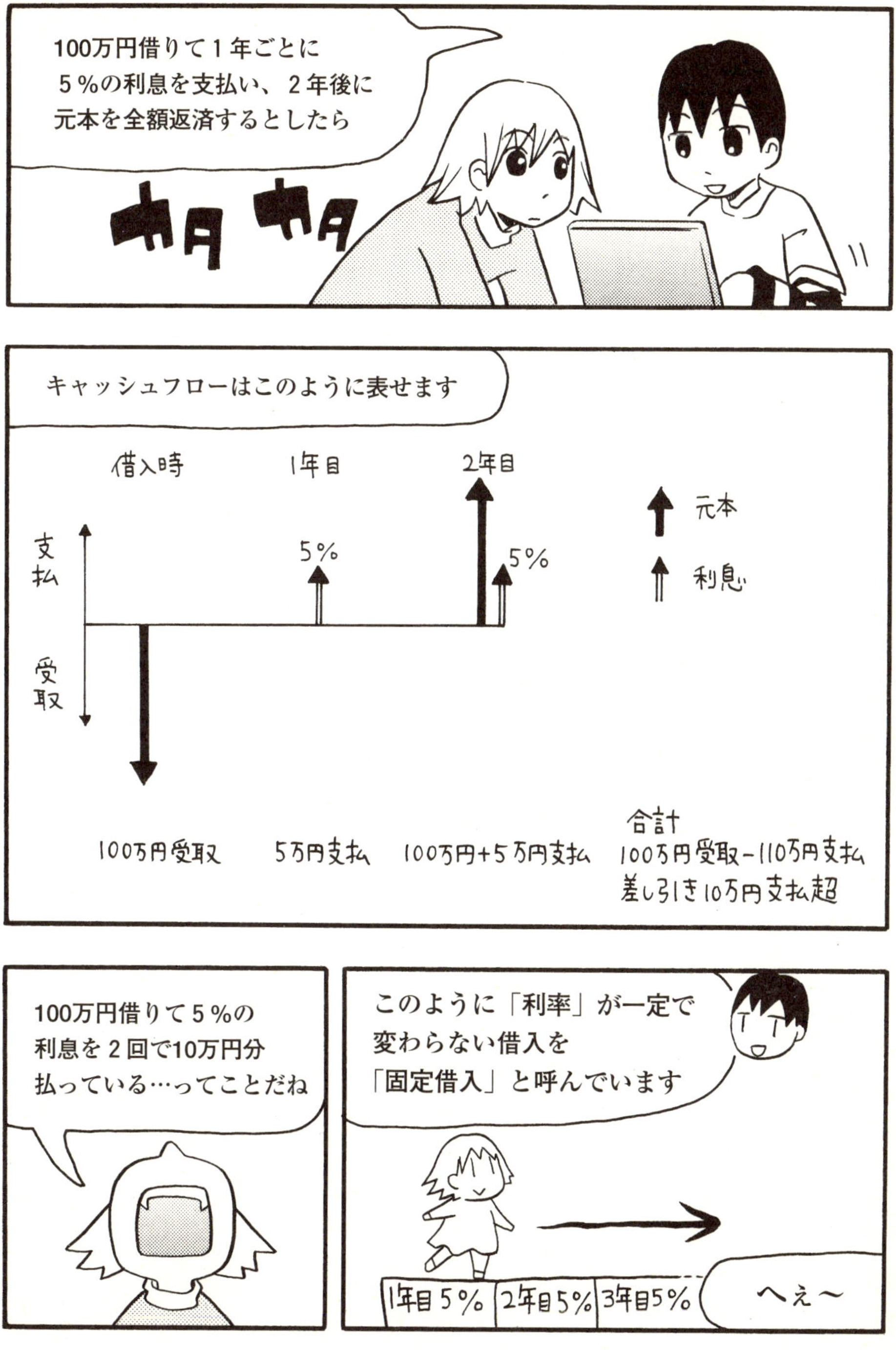

100万円借りて１年ごとに
５％の利息を支払い、２年後に
元本を全額返済するとしたら
カタ カタ
キャッシュフローはこのように表せます
借入時
1年目
2年目
元本
利息
支払
受取
5％
5％
100万円受取
5万円支払
100万円＋5万円支払
合計
100万円受取－110万円支払
差し引き10万円支払超
100万円借りて５％の
利息を２回で10万円分
払っている…ってことだね
このように「利率」が一定で
変わらない借入を
「固定借入」と呼んでいます
1年目5％
2年目5％
3年目5％
へえ～

「利率」が変わるものもあり、
？
それは「変動借入」です
利率が変わるって
どういうこと？
たとえば最初の１年の利率が
３％だとしても、２年後の利率は
1年後にならないと
わからないよ〜
変動借入
1年目
3％
2年目
？％
１年後のそのときの金利水準に
合わせて改めて決めるというのが
変動借入というわけです
なんで固定借入は
利率が５％で、
1年目
5％
2年目
5％
3年目
1年目
3％
2年目
？％
変動借入は最初の
１年は３％なの？
金利というのは期間によって
違います。１年金利は３％、
２年金利は５％というように
1年目 5％
2年目 5％
固定借入の場合は期間が
２年ならば２年金利の５％になります

でも変動借入の場合は
たとえば1年ごとに金利を
見直すことになっているとすると、
?%
?%
?%
?%
1年後
2年後
3年後
その時々の1年金利を
使うことになります
その時々の金利って
そんなに変わるもの
なの？
金利はすぐに変動
しちゃうので、たとえば
1か月後になったら、
3%
ははあ
1年では4%、2年では
5.5%というように
変わってしまうことも
あります
やっぱり
4%
ははあ
ふーん
2年間の変動借入をしたとして
最初の1年は借りたときの
1年金利3%に決まったとします
3%
払って
変動借入
1年たったらその3%分の利息を
払いますが、そのあとの1年の
利率はその時点での
1年後
3%
3%
?%
?%
1年借入の金利が新たに
適用されることになります

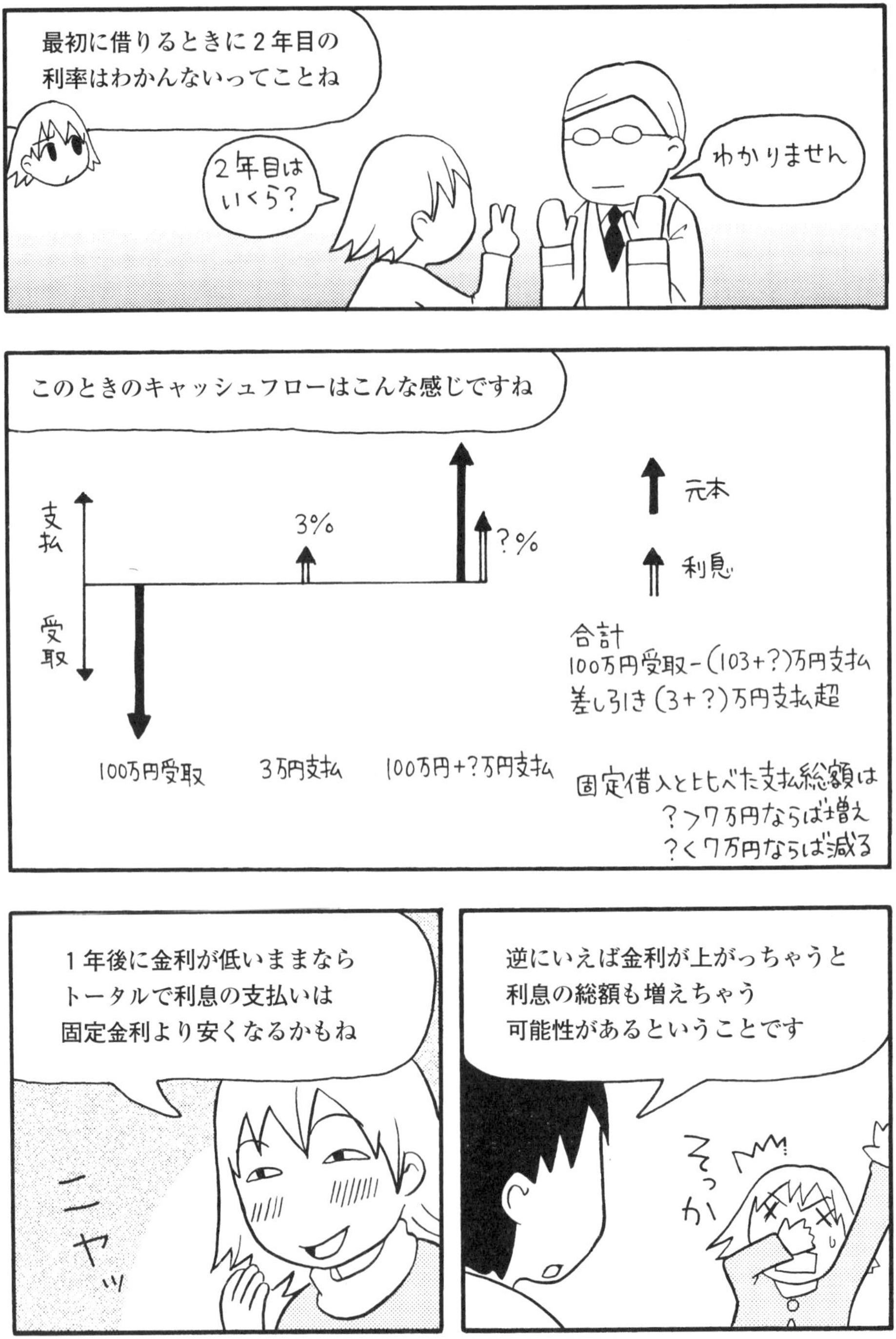
最初に借りるときに2年目の利率はわかんないってことね
2年目はいくら?
わかりません
このときのキャッシュフローはこんな感じですね
支払
受取
3%
?%
元本
利息
合計
100万円受取－(103+?)万円支払
差し引き(3+?)万円支払超
100万円受取
3万円支払
100万円+?万円支払
固定借入と比べた支払総額は
?>7万円ならば増え
?<7万円ならば減る
1年後に金利が低いままなら トータルで利息の支払いは 固定金利より安くなるかもね
ニヤッ
逆にいえば金利が上がっちゃうと 利息の総額も増えちゃう 可能性があるということです
そっか

借入キャッシュフローの交換

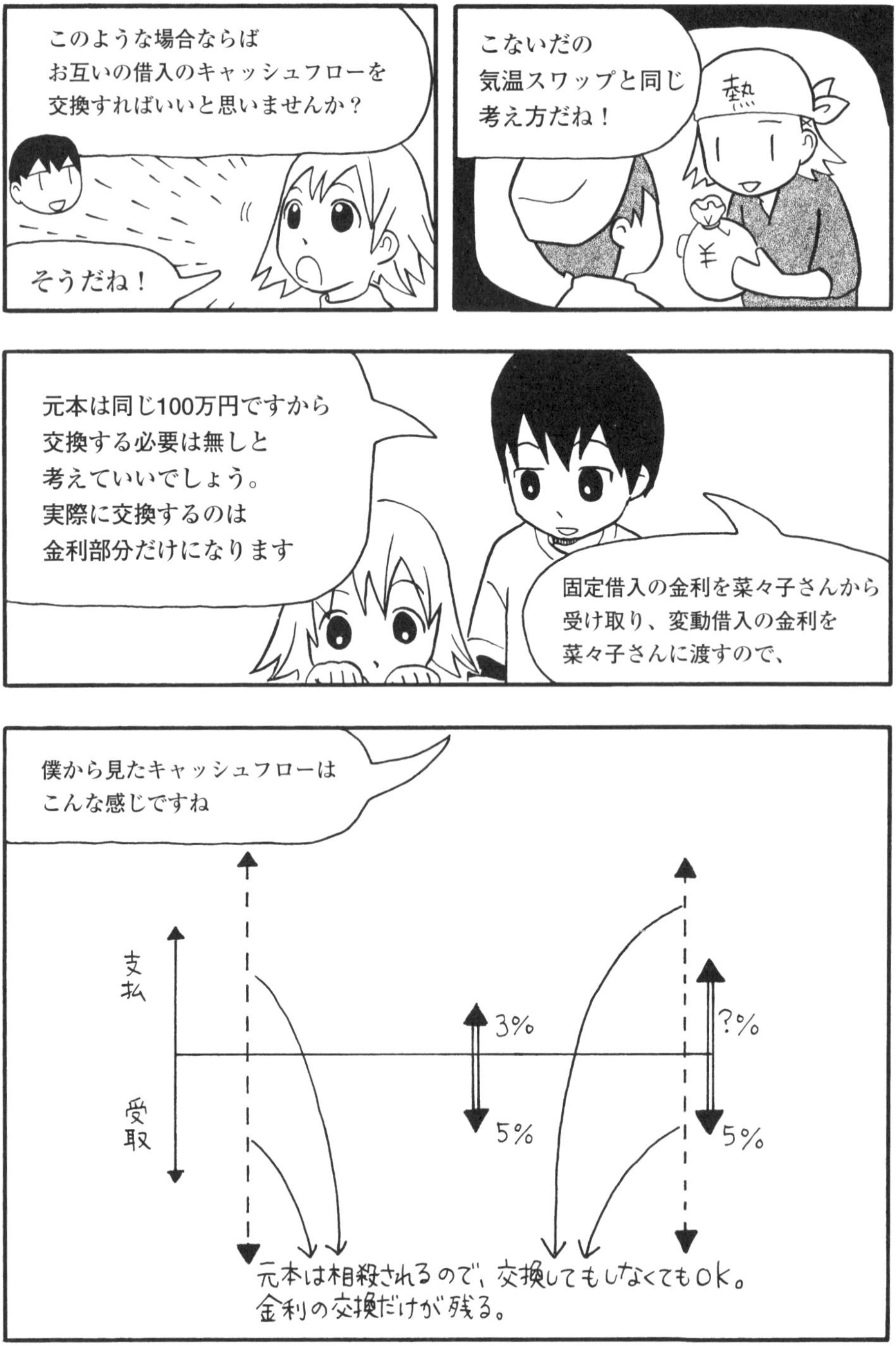
このような場合ならば
お互いの借入のキャッシュフローを
交換すればいいと思いませんか？
そうだね！
こないだの
気温スワップと同じ
考え方だね！
熱
￥
元本は同じ100万円ですから
交換する必要は無しと
考えていいでしょう。
実際に交換するのは
金利部分だけになります
固定借入の金利を菜々子さんから
受け取り、変動借入の金利を
菜々子さんに渡すので、
僕から見たキャッシュフローは
こんな感じですね
支払
受取
3%
5%
?%
5%
元本は相殺されるので、交換してもしなくてもOK。
金利の交換だけが残る。

僕は銀行に５％固定の
利息を払うことに変わりありませんが
25%
その分はスワップで菜々子さんが
僕にそっくり払ってくれるので
実質的な負担はありません
5%
ふむ
一方、僕は菜々子さんに変動借入の
利息分を払わなければいけないので、
3%
結局僕が負担するのは変動借入の
利息分ということになり、変動借入を
しているのと同じになります
借入の条件は同じままで
実質的な支払条件を
交換してるって感じなんだね
優
ナナコ
変動
金利
変動
金利
銀行
銀行
固定
金利
固定
金利
スワップ取引
この条件は菜々子さんにとっても
同じ意味を持ちますね

どうして交換は成り立つのか？

この条件なら１年目は
私が優くんに５％払って、
優くんが私に３％払う
わけだから２％
損しちゃうじゃない！
キーーーッ
１年目だけはそうなりますが
総額ではどうでしょう
どういうこと？
明らかに不利だとわかる
不平等な条件では、
平等
スワップ取引を
する人は
いなくなって
しまいます
あ、そっか…
２年目のことを考えて
みましょう

菜々子さんは僕に５％払いますが
僕は１年後時点での１年借入金利を
菜々子さんに払うことになります
そうだね
ですが
借りる段階ではこの利率が
いくらになるかわかりません
仮にこの金利が７％に
なったらどうでしょう？
ワーーーイ
えーっと…
差し引きで２％を優くんが
払うことになるから、
１年目の２％の損は
チャラになっちゃう…
一般的にそういうバランスが
成り立つときにスワップ取引が
行なわれるのですね
ウンウン
ウンウン
でもさ──
誰も１年後の１年金利が
７％にならないと思っている
場合はどうなるのー？

マーケットでの値段の決まり方

もし１年後の１年金利が
７%ではなく４%になるって
予測されていたら？
ムムム
4%
どういうことです？
固定借入の利息合計が
５%×２＝10%になる
のに対して
変動借入の
方が得だよ!!
変動借入の利息合計（予測）は
３%＋４%（予測）＝７%（予測）
ってなるでしょ!?
なるほど…
フッ
それだと変動借入の方が
断然有利じゃん
確かにそう思えるかもしれないけど、
そうなると５%の利息で
固定借入をする人がほとんど
いなくなっちゃいますね
固
定
変
動
そうだよ～？

利用者が現れなければ
より有利な条件に改めて
利用者を増やそうとするのが、
市場《マーケット》の常です
市場《マーケット》？
スーパー
金融が取引される
場のことです
もし1年後の金利が4％と
予測されれば変動借入と
明らかな差が出ないよう、
固定借入
変動借入
3%+4%(予測)≒3.5%+3.5%
5% 5%
3.5% 3.5%
固定借入の金利は
約3.5%まで下がっていくのです
そっか…
つまり市場では
変動借入も固定借入もどっちも
有利不利が発生しないように
値段が決まってくるんです
変動
固定
だからいつでも
交換が可能なのね
もちろん予測は予測ですから
結果的には有利不利が
出ることは多いですが、
今の時点では
五分五分というわけです

今の100万円か1年後の103万円か

実際のスワップ取引では
複雑なキャッシュフローの交換が
行なわれています
そこで、もっと簡単に
交換できるように
考えてみましょう
どうやんの？
金融取引はキャッシュフローの
集合体です。そのキャッシュフローの
値段がわかれば
交換も簡単にできますね
そうだねー
でも
値段が違う場合は？
50万円
と
100万円
とか
その場合は「お釣」を
もらえばいいと
思いませんか？

あ
そんなこともできるんだ
じゃあ値段がわかれば
どんなキャッシュフローでも
簡単に交換が
できるようになるんだね
そういうことです
ではその
値段について
考えてみましょう
たとえば1年毎に50万ずつ、
2年間合計で
50万
50万
100万
100万円になるキャッシュフローの
値段は100万円ってことかな？
それが…
それじゃあダメなのです
ガーン
えー!?　そうなの？

たとえば同じ100万円でも
今受け取れるか
100万
1、2年後に受け取れるかでは
その価値が違ってきます
どういうこと？
今100万円受け取って預金したり
国債を買ったりすれば
利息がつきますよね
¥
利息
あー、なるほど!!
その利息が3％だとすれば
今の100万円は1年後に
103万円になります
100万円
3万円
ふむふむ
ですから今の100万円と同じ
価値を持つ1年後の金額は
同じ100万円ではなく
100万
今
100万
3%
1年後
利息分を上乗せした
103万円となるのです

つまり
「今の100万円＝1年後の103万円」
ってこと？
今
1年後
100万
100万
3万
そうですね
逆にいえば
「１年後の103万円は
今の価値では100万円」
ということです
100万
100万
1年後
今
ん〜〜〜〜
混乱しそう…
この場合１年後の金額が
いくらであれ、
100万円÷103万円≒0.971を
かけてあげれば
現在のお金の価値が
わかるというわけです
なるほど…
¥
5％
２年後も同じです。
今の100万円に
１年目と２年目でそれぞれ５％の
利子がつくとします

ってことは１年後は105万円で
その次の１年には105万円に
さらに５％利子がつくから…
110.25万円かな？
今:100万円
100万
利子5%
1年後:105万円
100万
千円
利子5%
2年後:110、25万円
100万
一万円
千円
500
正解です
この考え方を「**複利方式**」と
いって「元本×$(1+0.05)^2$」で
求められます
ピピピッピッ
あ、ホントだ
先にいってよ――!!
キーッ
つまり
「今の100万円＝２年後の110.25万円」
ってことですね
100万
今
100万
10,25万
2年後
１年後のときと
同じ感じだね

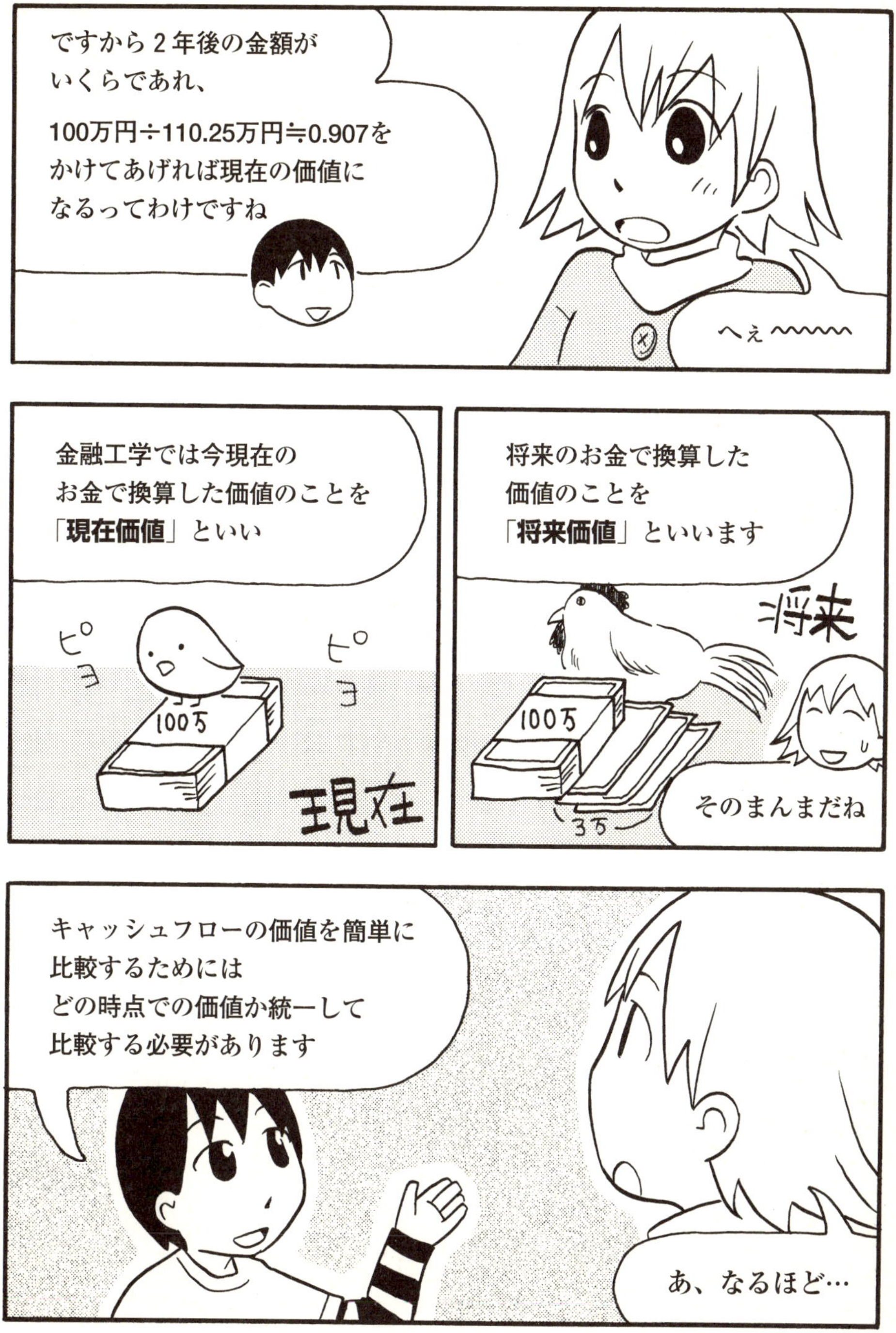
ですから２年後の金額が
いくらであれ、
100万円÷110.25万円≒0.907を
かけてあげれば現在の価値に
なるってわけですね
へぇ〜〜〜〜
金融工学では今現在の
お金で換算した価値のことを
「現在価値」といい
ピヨ
ピヨ
100万
現在
将来のお金で換算した
価値のことを
「将来価値」といいます
将来
100万
3万
そのまんまだね
キャッシュフローの価値を簡単に
比較するためには
どの時点での価値か統一して
比較する必要があります
あ、なるほど…

わかりやすいのは
現在価値に統一して
比較することですね
じゃあ将来のお金に
「0.971」や「0.907」なんかを
かければいいわけだね
そうですね
そのように現在価値に直すために
使う値のことを
「**ディスカウントファクター**」と
呼びます
0.971
0.907

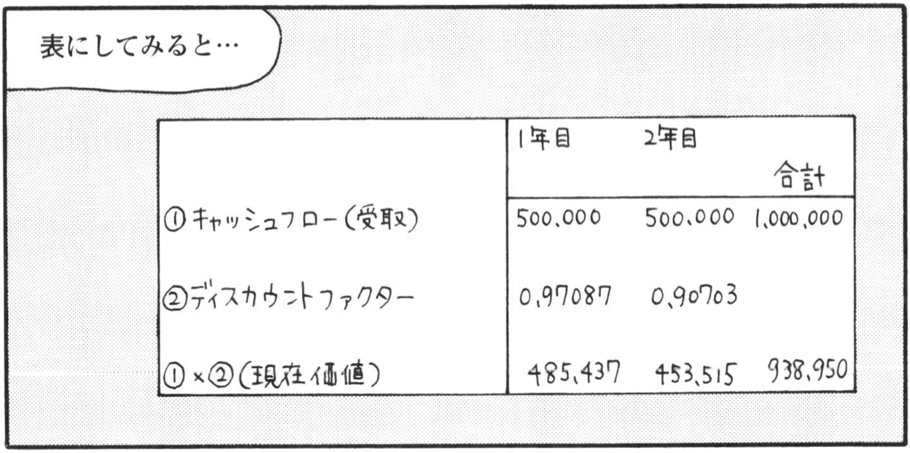
表にしてみると…

	1年目	2年目	合計
①キャッシュフロー(受取)	500,000	500,000	1,000,000
②ディスカウントファクター	0.97087	0.90703	
①×②(現在価値)	485,437	453,515	938,950

現在価値の合計…
938,950円が
キャッシュフローの値段
なんだね!!
そうです
あとは交換する
キャッシュフローの現在価値が
等しくなるようにすれば、
どんなものでも
交換ができるように
なるってわけですね

ふぅ〜!!
ちょっとだけ
金融工学の世界が
わかった気がするよ!!
それはよかったです
それはそーと…
ん？
あの子はやっぱり
優くんの彼女さん
ですか〜？
なっ…!!
図星かにゃ〜？
優くんも隅に置けません
なぁ〜〜〜〜〜
そっ
そんなんじゃ
ないですよ——!!

補講5

デリバティブ理論の基本的な考え方

市場価格は将来の予測によって成り立っている

この章のマンガで説明した中には、非常に重要な概念が２つ含まれています。

まず第１点目が、**市場の価格には将来の予想が含まれている**という点です。ちょっと復習してみましょう。

２年間資金を運用したいという場合には、

❶とりあえず今の１年金利で１年間運用して、１年後の１年金利で残り１年の運用をする

❷２年固定金利で運用する

という２つのやり方を考えることができます。

今の１年金利が３％、２年金利が５％とすると、２年間の受け取り金利は❶の場合、「１年目３％＋２年目は１年後の１年金利Ｘ％」になります。❷ならば、「１年日５％＋２年目５％」となります。この両者が等価値であると考えられて初めて市場が成り立つわけですから、❶３％+Ｘ％≒❷５％+５％で、Ｘ％≒７％となります。

厳密には、１年後の金利と２年後の金利では、現在価値で比較すると、同じ１％でも価値が若干異なってきますので、Ｘはきっかり７％にはなりませんが、ほぼ７％になります。

ここで重要な点は、２年金利の５％というのは、今の１年金利３％と１年後の１年金利Ｘ％の（およその）平均であり、将来の予想が織り込まれたものであるという点です。

同じように3年金利は、1年目（今の1年金利）3％、2年目（1年後の1年金利）X％、3年目（2年後の1年金利）Y％の（およその）平均となります。もし3年金利が6％ならば、(3＋7＋Y)÷3≒6から、Y≒8％ということになります。

このようにして、2年金利や3年金利に織り込まれている1年後の1年金利、2年後の1年金利などを求めることができます。こうした将来時点での金利や価格のことを**フォワード・レート**といいます。

○フォワード・レートの概念○

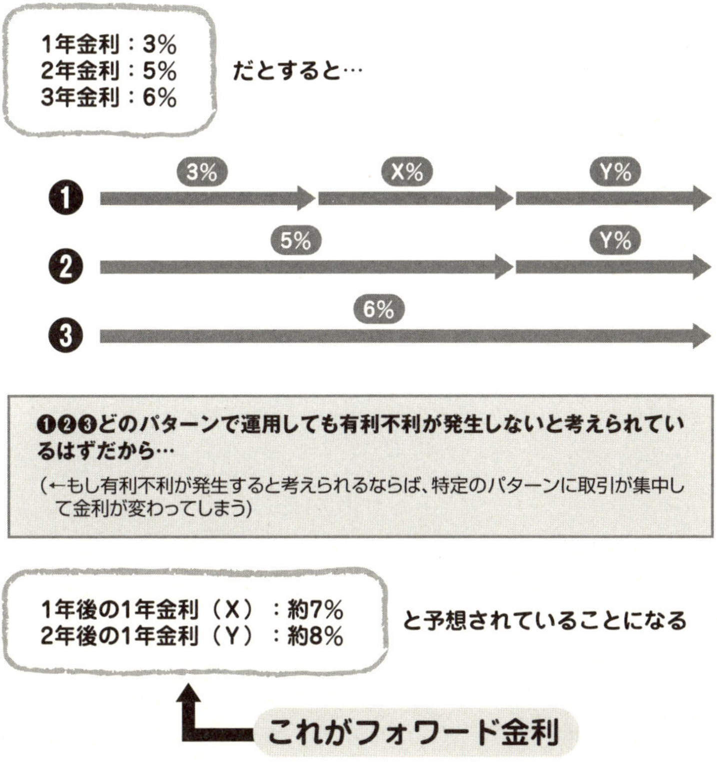
1年金利：3%
2年金利：5%
3年金利：6%
だとすると…
❶ 3% X% Y%
❷ 5% Y%
❸ 6%
❶❷❸どのパターンで運用しても有利不利が発生しないと考えられているはずだから…
（←もし有利不利が発生すると考えられるならば、特定のパターンに取引が集中して金利が変わってしまう）
1年後の1年金利（X）：約7%
2年後の1年金利（Y）：約8%
と予想されていることになる
これがフォワード金利

第１章で説明した「先渡し取引」のところで、１年後の為替先渡し取引をすると、今の為替レートとは少し違うレートになるといいましたが、これは、先渡し契約ではこのフォワード・レートを使って取引をするからなのです。

このフォワード・レートは、市場が予測している将来の金利や価格といえます。もちろん、市場の参加者にはいろいろな予測を持っている人たちがいるでしょうが、そうしたいろいろな人たちが取引を繰り返した末に形成される最も平均的な予測値といえます。

たとえば、この例でX＝７％、Y＝８％というのが将来の１年金利に関する市場の平均的な予測です。もしあなたが、今３％の１年金利が１年後に４％、２年後に５％くらいまでしか上がることはないと思っているならば、変動金利で借り入れることによって、見込みがあたった場合には借り入れコストを節約できることになります。

逆に、１年後に10％、２年後には12％にまで金利が上がってしまうこともありうると懸念しているならば、固定金利で借り入れることによってそうした金利上昇リスクをヘッジすることができます。

「アービトラージ・フリー」という大原則

市場が織り込んでいる予想どおりになるとすれば、固定金利だろうが変動金利だろうがどちらも損得は変わらない、という点は、金利の世界に限らず､いろいろな対象に広げて考えることができます。

たとえば、債券に投資するか、株式に投資するか、というような場合でも、金融工学的には、「債券価格や株価に織り込まれている将来予測どおりになるならば損得は同じになる」ということができます。円で運用するか、ドルで運用するか、という場合でも同様です。

しかも、市場に織り込まれている将来予測は、大勢の市場参加者が限りなく取引を繰り返しながら形成していくものなので、特定個人の予測よりも、基本的には信頼性が高いものだといえます。

つまり、最も信頼性の高い将来予測に基づけば、変動金利で借りようが固定金利で借りようが、債券に投資しようが株に投資しようが、円で運用しようがドルで運用しようが、損益の期待値は変わらないということになります。

もちろんこれは期待値の話であって、実際に1年後、あるいは2年後になっていくと、その間の状況の変化によって明らかに損得が発生していくようになっていきます。ただ、現時点で見通せる限りにおいては、市場で取引されているものの損益の期待値は同じであるといえるのです。

こうした考え方を**アービトラージ・フリー**といいます。「アービトラージ」とは、明らかに有利不利が生じることをいい、日本語では**裁定**（または裁定機会）という難しい言葉で呼ばれます。「フリー」は、アルコール・フリーなどのように「無い」という意味です。したがって、アービトラージ・フリーは、明らかな有利不利が発生しないという意味になります。

このアービトラージ・フリーという概念こそが、金融工学の最大の基本概念です。これがあるからこそ、金融工学は、債券でも株でも、はたまた不動産でも、どんな対象であっても同列に扱うことができますし、異なるものを交換することができるようにもなります。

つまり、アービトラージ・フリーという概念があったからこそ、金融工学はここまで大きな発展をし、幅広い応用力を身につけることができるようになったといえます。

このあたりは、金融工学の上級編に進む際には非常に重要になってくる部分ですが、とりあえずは、「**金融工学では、市場で取引されているものには明らかな有利不利が発生しないということが前提とされている**」とだけ覚えておいてください。

「アービトラージ・フリーの原則」は次のとおり

- 市場の価格には、市場における平均的な将来予測が織り込まれている。
- その予測通りになった場合、さまざまな金融取引には明らかな有利不利が発生しない。

補講6

キャッシュフローの現在価値って何？

2つの定義があるキャッシュフロー

この章のマンガでの説明に含まれるもう1つの重要概念が、「キャッシュフローの現在価値」という考え方です。

キャッシュフローは金融工学の根幹ともいえる重要なものですので、詳しい説明に移る前に、簡単に言葉の定義の確認をしておきましょう。

金融において、キャッシュフローという言葉には、おおむね2通りの使い方があります。どちらも「お金の流れ」という点では変わりませんが、やや使われ方が異なります。

1つが、金融工学で使われる「**お金の受け取りと支払いの予定表**」としてのキャッシュフローです。本書に登場するキャッシュフローはこちらの意味ですね。

もう1つ、企業財務で使われるキャッシュフローという言葉があります。これは、「**一定期間内で企業が受払いをした現金の収支**」という意味です。現金の流れで見た企業の収益状況といえます。

金融ではどちらの“キャッシュフロー”もよく使われますので、混同しないように注意してください。

「現在価値」はディスカウントファクターで求める

将来のキャッシュフローは、金利から導き出されるディスカウントファクターをかけることで現在価値に置き換えることができたのでしたね。この作業を現在価値に「割り引く」ということがあります。金利がプラスである限り、ディスカウントファクターは１よりも小さくなり、したがって将来のキャッシュフローを現在価値に直すと必ず金額は小さくなってしまうからそう呼ばれます。

さて、ディスカウントファクターについて復習しましょう。現在の１円は、１年間ｒ％で運用すると「(元本）１＋（利息）１×ｒ％」、つまり、（１＋ｒ）円になります。現実には１円以下の金額はありませんが、ここではいくらでも細かい金額が存在すると考えてください。

現在の１円＝１年後の（１＋ｒ）円ですから、両辺を（１＋ｒ）で割ってあげると、現在の１／（１＋ｒ）円＝１年後の１円となって、１年後の１円を現在価値に直した値が求まります。これが**ディスカウントファクター**です。将来のキャッシュフローの金額にこのディスカウントファクターをかけてあげればそのキャッシュフローの現在価値が求まります。

一般にディスカウントファクターは次の算式で求められます。

ディスカウントファクター＝$1/(1+r)^n$

ｒ：金利

ｎ：期間(年)

このときに使われる金利ｒのことを、**割引金利**ということがあります。現在価値に割り引くときに使う金利だから割引金利です。

割引金利に使われるスポットレート

それでは、この割引金利には何を使えばいいのでしょうか。

この割引金利には、**スポットレート**と呼ばれる金利が使われます。スポットレートとは、「途中で利払いが発生しないキャッシュフローの利回り」と定義される金利です。

○スポットレートの概念○

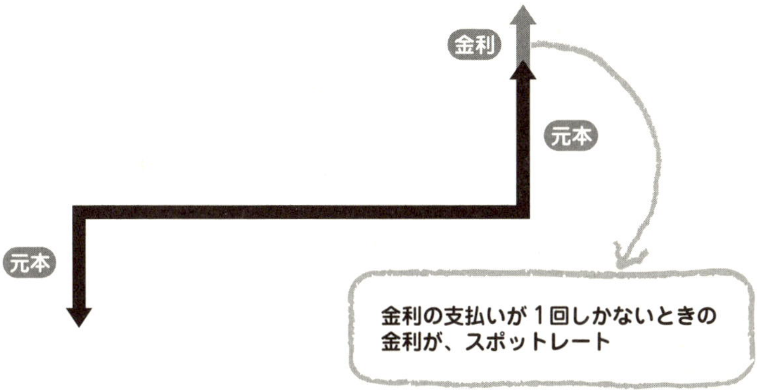
金利
元本
元本
金利の支払いが1回しかないときの
金利が、スポットレート

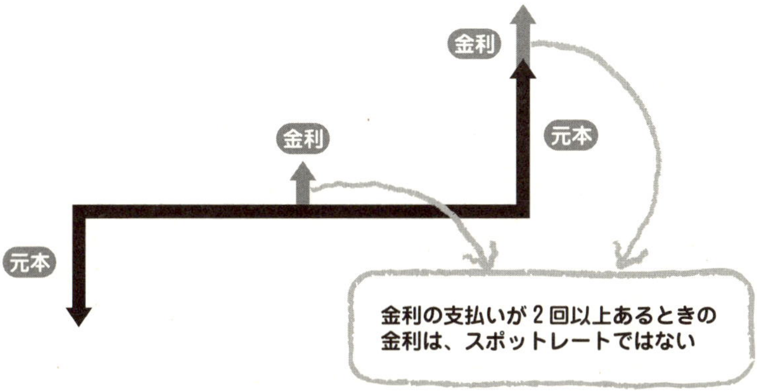
金利
金利
元本
元本
金利の支払いが2回以上あるときの
金利は、スポットレートではない

第１章で説明したように、スワップには銀行間で取引されるインターバンク市場というものがあります。そこで取引されているスワップの固定金利をスワップレートと呼んでいますが、これが割引金利のもととなるものです。

ただし、スワップレートは、途中で（たとえば１年ごととか、６か月ごとに）利払いが発生しますので、厳密にはスポットレートとはいえません。そこで、スワップレートをスポットレートに直して割引金利として使うということが行なわれています。

スポットレートの計算方法はやや複雑なので、本書では説明しません。専門家への道を目指すのでない限り、知らなくてもかまわないでしょう。**割引金利には、銀行間スワップレートをベースにしたスポットレートが使われている**ということさえ頭の隅に入れておいていただければ結構です。

現在価値はすべての金融商品の共通尺度

さて、マンガの中では、すべての金融商品は「キャッシュフローで表される」といいましたが、キャッシュフローには現在価値という形で値段をつけることができます。つまり、この説明は、「**すべての金融商品は**キャッシュフローで表すことができ、したがって、そのキャッシュフローの現在価値を計算することで、**値段をつけることができる**」といいかえることができるのです。

実は、この考え方こそが、ファイナンス理論、および実際の金融ビジネスに非常に大きな影響を与えることになったのです。そのために、この考え方の登場は、「現在価値革命」とか、「スポットレート革命」と呼ばれることもあります。

それまでは、金融商品の価値を測る尺度として、金融商品ごとにまちまちで、いい加減な尺度が使われていました。

その中で最も一般的な尺度として用いられていたのは「利回り」という尺度でした。利回りならば、債券でも、株式でも、あるいは不動産などの実物資産でも計算することができます。ところが、この「利回り」という最も馴染みのある尺度が、実はきわめてあいまいで、誤解を招きやすいものであることを金融工学は明らかにしてきました。

一口に「利回り」といっても、定義や計算の仕方によって値は大きく変わり、さらに金融商品ごとに計算の前提が違っていたりするため、価値を測る尺度としてはまったく不適切だったのです。

つまり、金融商品の種類が違うと、価値を測る物差しも違ってくるので、同列に並べて比較することは非常に困難でした。

しかし、「金融商品をキャッシュフローで表し、その現在価値で価値を測る」という考え方は、どんな金融商品にも同じ基準で適用できます。その結果、ようやくファイナンス理論全般を貫く共通の理論的基盤が構築されるようになったのです。

この考え方は、一般には**ディスカウント・キャッシュ・フロー法（DCF法）**として知られています。

従来は明確な価値基準がなかった不動産市場でも、この考え方が取り入れられ、収益還元法として今では広く普及しています。その結果、不動産は金融商品と同列に比較できる商品となり、証券化（※）やファンド化（※）を通じて、不動産の“金融商品化”が進んでいます。

企業買収などで、買収する企業の価値を算定する場合にも、同様の考え方が使われています。ゴルフ場や旅館、あるいは経営破たん企業を金融機関やファンドが買収するという事例が非常に増えていますが、これを支えているのが、やはりDCF法による企業評価なのです。

※「不動産の証券化」とは、不動産が生み出す将来のキャッシュフローを裏づけにして債券を発行することをいい、債券の保有者がその債券の種類や金額に応じて不動産を“部分的に”所有している効果をもたらします。「不動産のファンド化」は、投資家から資金を集めたファンドが不動産を保有し、不動産の生み出すキャッシュフローを投資家に配分するしくみのことです。やはり、ファンドの出資者が、その出資金額に応じて不動産を“部分的に”所有している効果をもたらします。

株もキャッシュフローの集合体

それではここで、株の評価に使われるDCF法を見てみましょう。

企業が税金を払った後の収益は、配当として株主に還元されるか、そうでない場合は「内部留保」といって企業内に蓄積されます。いずれにしても、これらは株主に帰属するものなので、同じものと考えていいでしょう。

企業が存続し、利益を出し続ける限り、毎年こうした株主に帰属する利益が生まれることになります。

つまり、株式とは、「企業が毎年生み出す税引き後の利益の帰属権を表す証書」ということができます。

ですから、**企業が存続する間に生み出される税引き後利益の現在価値の合計が現在の株価**だと考えることができるわけです。

たとえば、10億円の税引き後利益を上げている企業が、１億株の株を発行しているとします。「10億円÷１億株」で、１株につき10

円分の利益が帰属することになります。

仮にこの企業が今後20年間存続し、毎年10億円ずつ税引き後利益を上げ、株式の発行数も１億株のままだとします。そうすると20年間にわたり、毎年１株につき10円ずつの利益が生まれることになります。総額では「10円×20年」で200円です。これを現在価値に直すと当然200円よりは小さな値になりますが、ここではこの値が130円だったとしましょう。

この場合、この企業の株式の価値は130円ということになるわけです。

○「株価＝株のキャッシュフローの現在価値」である！○

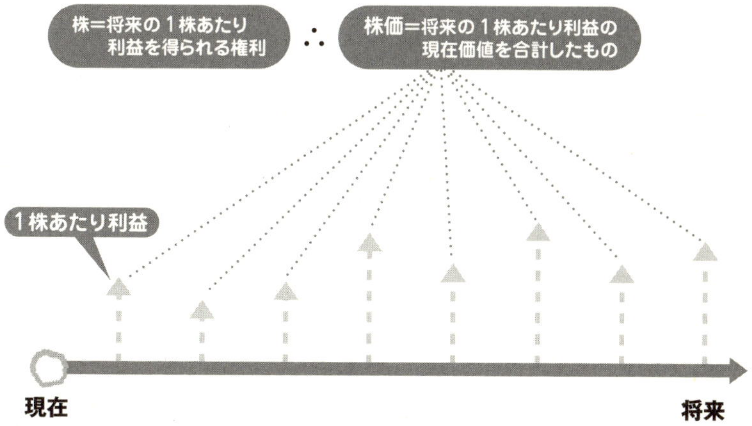
株＝将来の１株あたり利益を得られる権利
∴
株価＝将来の１株あたり利益の現在価値を合計したもの
１株あたり利益
現在
将来

もちろん実際にはもっと複雑です。

成長企業ならば、１株あたり利益は次第に増えてくると考えるのが普通でしょう。また、浮き沈みの激しい業界ならば、ある年は１株あたり利益が30円になり、ある年は５円になるというように、予想の確度が低くなってしまうことも考えられます。また、その企業が、20年もたたないうちに突然倒産してしまうかもしれません。

したがって、企業の株価は、

❶現時点での１株あたり利益
❷１株あたり利益の予想成長率
❸１株あたり利益の予想成長率が実現する確度
❹途中で倒産してしまう可能性
❺将来の利益を現在価値に割り引くための金利

といった要因によって決まってくると考えることができます。

株価を左右する要因が増えたため、株価の計算式はより複雑なものになりますし、どうしても人によって判断が分かれる主観的な要素が入らざるをえませんが、考え方自体は「キャッシュフローの現在価値を算出する」ことと変わりありません。

もっとも、現実の株価は市場での売買を通じて決定されていきます。ですから、キャッシュフローの現在価値として算出された株価は**理論価格**と呼ばれます。

理論価格は、現実の株価が割安で魅力的なものか、あるいは割高で魅力に欠けるものかを判定することに使うことができます。「現実の株価＞理論価格」であれば割高、「現実の株価＜理論価格」であれば割安、というようにです。

あるいは、「現実の株価＝キャッシュフローの現在価値」となるように、１株あたり利益の成長率などを逆算することによって、今現在の市場がその企業に期待している利益成長率や、あるいは企業の倒産確率などを計算することもできます。

このような考え方は、株式アナリストなどの専門家にも広く取り入れられています。株式アナリストとは、どの株が上がりそうかということを予想する専門家です。実際には、彼らはさまざまな分析手法を駆使して予想を立てるわけですが、その中でもDCF法ないしは金融工学的な考え方は、今や、必要不可欠なものとなっているといっていいでしょう。

現在価値って？

- 現在価値は、〔将来の金額×ディスカウントファクター〕によって求める。
- ディスカウントファクターは、〔1／（1＋r）^{n}〕で求められる。このときのｒ（割引金利）には、スポットレートと呼ばれるものが使われる。
- すべての金融商品はキャッシュフローで表され、したがって、その現在価値を計算することによって値段をつけることができる。たとえば株価分析の基礎となる理論価格も同様に求めることができる。

補講 7

スワップの種類を整理する

【スワップの種類❶】金利スワップ

さて、マンガで菜々子さんに説明していた固定金利と変動金利のスワップは、正式には金利スワップといいます。金利スワップは、「**同じ通貨で、異なる種類の金利を交換するスワップ**」と定義されます。

金利スワップには、非常に複雑なキャッシュフローを交換する取引も含まれますが、銀行や証券会社同士がインターバンク市場で取引する場合は、規格化された取引を行なうのが一般的です。

インターバンク市場では、通常、10億円単位以上で取引されます。取引期間は1年～30年程度までです。変動金利としては、**LIBOR**《ライボー》と呼ばれているものがよく使われます。

LIBORとは、ロンドンで取引されている銀行間預金（銀行同士の貸し借り）の基準金利で、毎日公表されています。London Inter-Bank Offered Rateの略で、“Offered Rate”というのは、ある銀行が「その金利で資金を貸出しますよ」という金利です。ちなみに、円やドルなど主要国の通貨であればLIBORが発表されています。

変動金利は、その時々の市場での金利を使うというのがマンガでの説明でしたが、金利は銀行間取引の場合やそれ以外の場合などで水準が微妙に違いますし、時々刻々と変化するものですので、あらかじめ金利の特定方法を決めておかないと後でもめることになってしまいます。LIBORならば1日1回決まった値が公表されますし、信頼性の高い指標なので、お互い安心して使えるというわけです。

LIBORには1か月〜1年までいろいろな期間のものがありますが、一般的には、6か月LIBORが使われます。ですから、変動金利として最初にその日の6か月LIBORが適用されると、適用期間は6か月ですから、6か月後にはその金利の清算を行ない、改めてその時点の6か月LIBORが次の6か月間適用されることになります。つまり、6か月ごとに金利が“変動”していくことになるわけです。

このように、金額、期間、そして変動金利として6か月LIBORを使うことなどが決まってくると、あとは、この変動金利と交換できる固定金利が決まれば取引条件が確定することになります。

そこで、ある銀行がインターバンク市場で取引をしたい場合、「50億円、期間10年で、(特に指定しない限り6か月LIBORを使うことが前提になっているので) 1.5%の固定金利をレシーブ（固定金利を受け取って変動金利を支払うこと）したい」というようにオーダーを出し、取引相手が見つかれば取引成立となります。

ちなみに、固定金利を支払って、変動金利を受け取りたい場合は「ペイ」といいます。固定金利を基準に受け取るのか支払うのかということで区別をしているわけです。

ちなみに、規格化された基本的な形態の取引のことを**プレーン・バニラ**と呼んでいます。プレーン・バニラとは、アイスクリームの基本形である「普通のバニラ味」のことです。このプレーン・バニラというい方は、金利スワップに限らず、次に説明する通貨スワップや、次章のオプションでも使うことができます。

よく考えてみれば、「普通のバニラ味」というアイスクリームになぞらえたいい方は、デリバティブの特徴をよく表しているといえるかもしれません。アイスクリームには、実にさまざまな味があり、常に新しい味のものが開発されたり、あるいはいくつもの味を組み合わせたりしています。でも、やはり基本として欠かせないものはバニラ味でしょう。

デリバティブも、さまざまなバリエーションがあり、常に新しいものが開発されたり、いくつものタイプのものが組み合わされたりしています。でも、それらは基本形の取引があってのものであり、まさにプレーン・バニラ・アイスクリームとそれ以外のさまざまなバリエーションの関係にそっくりなのです。

それではここで、銀行間市場で行なわれているプレーン・バニラの金利スワップの特徴をまとめておきましょう。

プレーン・バニラの金利スワップの特徴

- 取引金額は、一般に10億円単位
- 期間は１年～30年程度まで（一般に１年単位で、端数にはならない）
- 変動金利は、６か月LIBORを使う（６か月ごとに金利の支払いが行なわれ、新たにそのときの６か月LIBORが適用されていく）
- 固定金利は、取引期間中ずっと同じ金利が適用される（支払いは変動金利に合わせて６か月ごとに行なわれる。たとえば固定金利が年率５％ならば、半年ごとに５％の半年分、つまり2.5％ずつが払われる）
- 固定金利を受け取って変動金利を支払うことをレシーブという
- レシーブの場合は、金利が低下すると（変動金利の支払いが少なくなるので）利益となり、金利が上昇すると損失となる
- 固定金利を支払い、変動金利を受け取ることを「ペイ」という
- 「ペイ」の場合は、金利が上昇すると利益となり、金利が低下すると損失となる

銀行ALMと金利スワップ

金利スワップの発展は、**銀行ALM**と切り離せません。ALMとは、リスク管理の1つで、Asset Liability Managementの頭文字をとっています。日本語では資産負債（総合）管理と呼ばれます。

具体的な例を見てみましょう。

事例を単純化して、ある銀行が6か月定期預金だけで資金を集め、その金利が0.1%だとします。6か月後には、そのときの市場に合わせて新たに金利を決定し、定期預金を乗り換えてもらうか、別の預金者を探すかしなければなりません。

一方で、この預金で預かった資金をもとに、取引先企業の工場建設資金として固定金利2%で5年間の貸出をするとします。

貸出しの金利を2%受け取れて、預金の金利0.1%を払うことになりますから、少なくとも最初の半年は差し引き1.9%の半年分の利益を得ることができます。

ただし、貸出のほうは固定金利なので5年間ずっと金利は変わらないのに対して、預金のほうは、半年ごとに支払い金利がいくらになるかはそのときの市場の状況しだいということになります。

仮に、5年間預金金利が0.1%のままであったならば、1.9%の利益を5年にわたって得ることができます。逆に、預金金利が半年ごとに0.5%ずつ上がっていったらどうでしょうか。

総支払額は、「0.1%÷2（半年分なので）+0.6%÷2+1.1%÷2+……+4.6%÷2=11.75%」となって、貸出からの総受け取り金利（2%×5年=10%）をかなり上回ってしまいます。つまり、この一連の預金・貸出し取引は、最初こそは儲かっているように見えたものの、終わってみれば大赤字の取引となってしまうわけです。

こうしたリスクを避けるためには、まず、貸出の金利と預金の金利の種類を合わせるという手があります。

たとえば、貸出が5年固定金利ですから、預金のほうも5年固定金利にすれば、どちらも金利は最初に固定されるので、たとえば預金金利のほうが1.5%であれば、2%－1.5%＝0.5%の利益を確定させることができます。

でも、預金はたいてい期間が短いものなので、システムを変更したり、新しく預金客を募ったりしなければならず、簡単には実現しないかもしれません。

その場合は、貸出金利を預金金利に合わせて、半年ごとに変動するようにすれば解決します。たとえば、半年ごとの貸出金利を、そのときの預金金利に0.5%上乗せした金利にするとします。預金金利が0.6%に上がれば、貸出金利は「0.6%＋0.5%＝1.1%」、預金金利が1.1%になれば、貸出金利は「1.1%＋0.5%＝1.6%」というように、預金金利がいくら変動しても、常に0.5%の利益を確保することができます。

でも、この貸出は長期的な需要をにらんだ工場建設資金ですから、借入企業にしてみたら金利が確定しているほうがいろいろと計画を立てやすいという事情もあるでしょう。

このように、金利の変動によって預金・貸出のリスクが発生する場合、預金と貸出の金利の種類を合わせればそのリスクを回避できるのですが、いろいろな事情がそれを許さないかもしれません。そこで登場するのが金利スワップです。

次ページの図は金利の流れだけを説明しています。この銀行は、リスクを回避するためには、5年固定金利を支払い、半年ごとに変動する変動金利を受け取るようなスワップ取引をすればいいことになります。

その結果、スワップで受け取る変動金利は預金の金利支払いにあてられてチャラになります。一方、貸出しの２％の固定金利は、スワップの1.5％の金利支払いに当てられますが、差額の0.5％は、預金金利がいくらになろうとも必ず銀行の手元に残ります。

○ＡＬＭの概念○

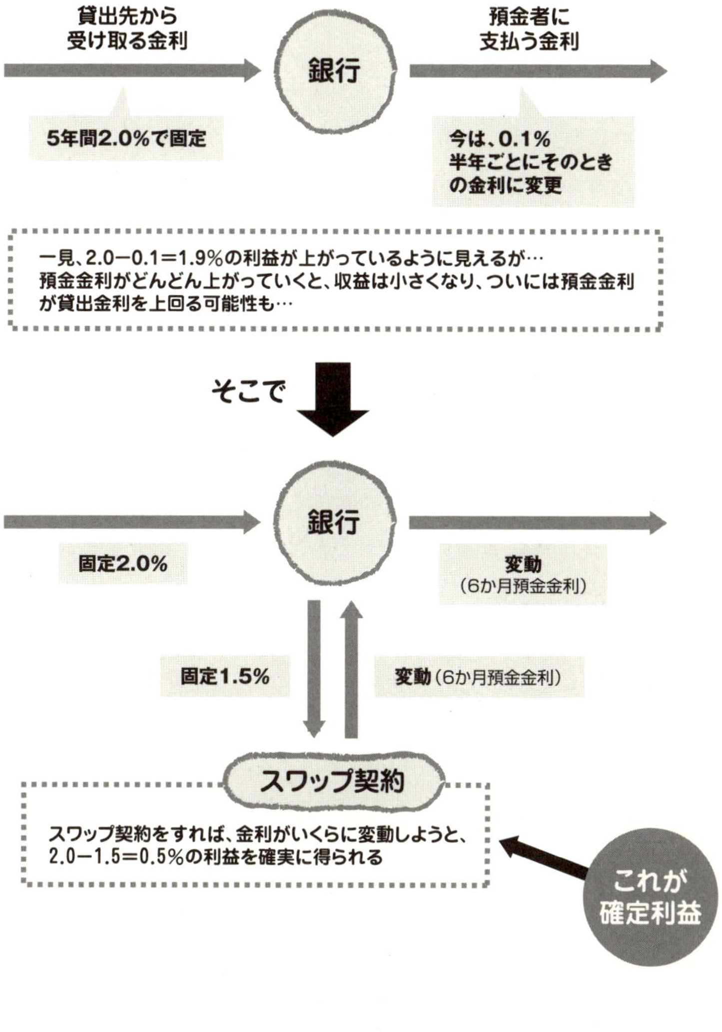
貸出先から
受け取る金利
銀行
預金者に
支払う金利
5年間2.0％で固定
今は、0.1％
半年ごとにそのとき
の金利に変更
一見、2.0－0.1＝1.9％の利益が上がっているように見えるが…
預金金利がどんどん上がっていくと、収益は小さくなり、ついには預金金利が貸出金利を上回る可能性も…
そこで
銀行
固定2.0％
変動
（6か月預金金利）
固定1.5％
変動（6か月預金金利）
スワップ契約
スワップ契約をすれば、金利がいくらに変動しようと、
2.0－1.5＝0.5％の利益を確実に得られる
これが
確定利益

このように、**貸出（資金運用）と預金（資金調達）の金利の種類を合わせることで、将来の金利がどのようになろうと一定の利益を確保できるようにコントロールすること**をALMというのです。

もちろん、一般の銀行では、たくさんの預金取引とたくさんの貸出取引があり、その条件もさまざまです。それらを全体としてリスク管理するためには、より複雑で高度なALM技術が必要になります。

しかし、いずれにしても、このような銀行ALMにとって、金利スワップは欠かせない手段であり、天文学的ともいわれるほどの市場規模を持つ金利スワップがここまで発展してきた背景には、こうした銀行によるALMのための取引需要が大きなウエートを占めていたといわれています。

【スワップの種類❷】通貨スワップ

スワップには金利スワップ以外にもさまざまなものがあります。

金利スワップに次いで活発に取引されているのは通貨スワップです。これは「**異なる通貨のキャッシュフローを交換するスワップ**」といえます。

具体例として、歴史的なスワップの第１号案件ともいわれている「世銀・ＩＢＭスワップ」をご紹介しましょう。

世銀、つまり世界銀行は、先進各国が出資している特殊な銀行です。倒産する可能性はほぼゼロですし、世界的に知名度も高いため、さまざまな通貨において非常に低い金利で資金を調達できます。たとえば、ドルで調達する場合は７％、スイスフランで調達する場合は４％の金利を払えば資金調達ができるとしましょう。

一方のＩＢＭは、アメリカの巨大コンピュータ企業です。倒産する可能性はきわめて低いものの、一民間企業なので世銀のように（ほぼ）ゼロとまではいい切れません。また世界的な大企業ではありますが、アメリカの企業なので、スイスではあまり親しみを感じていない人もいるかもしれません。

その結果、ＩＢＭが資金調達をする場合、ドルならば８％、スイスフランならば６％の金利を支払うことが必要だとします。世銀よりも、ドルでは１％、スイスフランでは２％余分に金利を払わなければ資金が調達できないということです。

さてここで、世銀はドル資金を、ＩＢＭはスイスでの事業拡大をにらんでスイスフラン資金を必要としているとします。世銀とＩＢＭは、必要としている資金をいったいいくらの金利で調達できるでしょうか。

単純に考えれば、世銀は（ドル）7％で、ＩＢＭは（スイスフラン）6％で資金が調達できます。

しかし、1981年、このような状況の下で、米投資銀行のソロモン・ブラザース（現在シティグループ）が、両者の資金調達金利を引き下げる画期的な提案を行ないます。

ソロモンが提案した画期的なスワップ第１号案件

ソロモンが提案したのは、❶世銀は（必要のない）スイスフランの資金を４％で調達する、❷ＩＢＭは（必要のない）ドルの資金を８％で調達する、❸世銀とＩＢＭはお互いのキャッシュフローを交換する、ということでした（109ページ図を参照）。

つまり、世銀が調達したスイスフラン資金はＩＢＭに回し、ＩＢ

Ｍが調達したドル資金は世銀に回します。
次に、世銀は調達したスイスフランの金利４％を払わなければいけませんが、これについてはそっくりＩＢＭから受け取るようにすれば世銀には実質的に負担が残りません。
一方で、ＩＢＭは調達したドル資金の金利８％を払わなければいけませんが、こちらについては世銀がそのうちの6.5％を肩代わりするとします。
その結果、世銀は、スイスフランではまったく負担が発生しませんので、ＩＢＭに払うドル6.5％だけが負担として残ります。つまり、6.5％の金利負担だけでドル資金を調達したのと同じことです。単純にドル資金を調達した場合の７％よりも、0.5％金利を節約できたことになります。
ＩＢＭは、調達したドルの金利８％を払い、世銀からは6.5％しか受け取れませんので、差し引き、ドルで1.5％の金利負担が発生します。しかし、世銀へのスイスフランの金利の支払いは４％で済んでいますので、単純にスイスフランを調達した場合の６％に比べて２％も低い金利でスイスフランを調達できています。ドルでの金利負担1.5％を差し引いても、やはり0.5％の金利を節約できたことになります。
つまり、お互いに必要としない資金を調達して交換することで、それぞれが金利負担を節約することができたのです。お互いがメリットを受けるというデリバティブの特徴が遺憾なく発揮された例だといえます。
このように、異なる通貨のキャッシュフローを交換する取引が通貨スワップで、金利スワップと並んで現在に至るまで非常に活発に行なわれています。

○世銀・ＩＢＭスワップのしくみ○

債券発行

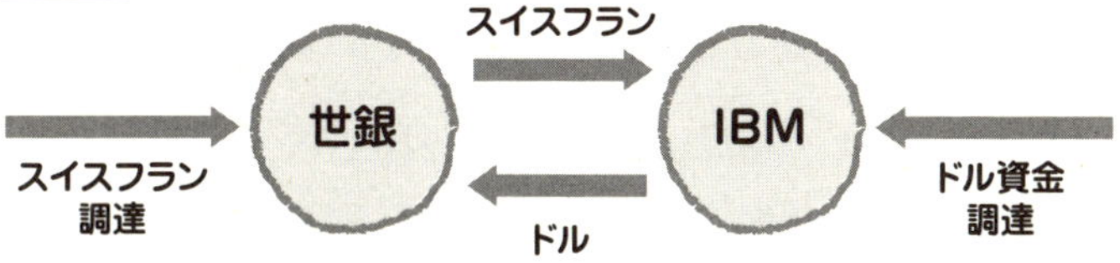
スイスフラン
世銀
IBM
スイスフラン
調達
ドル資金
調達
ドル

世銀がスイスフラン債を発行、IBMがドル債を発行し、それぞれの調達資金を交換する。

利払い

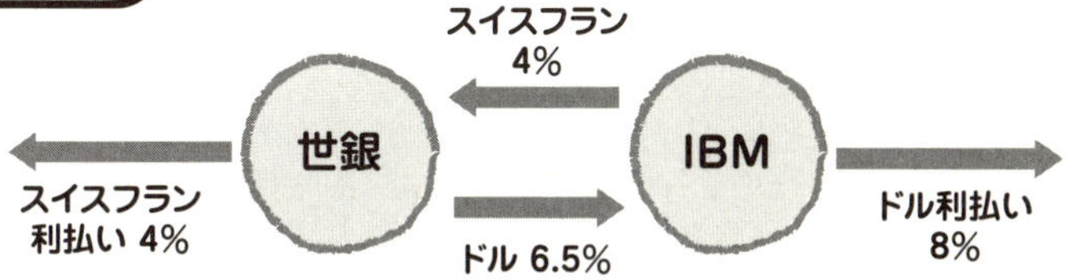
スイスフラン
4%
世銀
IBM
スイスフラン
利払い 4%
ドル 6.5%
ドル利払い
8%

- IBMが世銀にスイスフラン4%を支払い、世銀がIBMにドル6.5%を支払う。
- 世銀はスイスフランの受け払いがチャラになり、ドル6.5%の支払いが残る。
- IBMは、ドル利払いが1.5%の支払超となっているが、スイスフランの利払いが4%で済んでいるため、ほぼスイスフラン5.5%の利払いをしているのと同程度のコスト。

債券償還

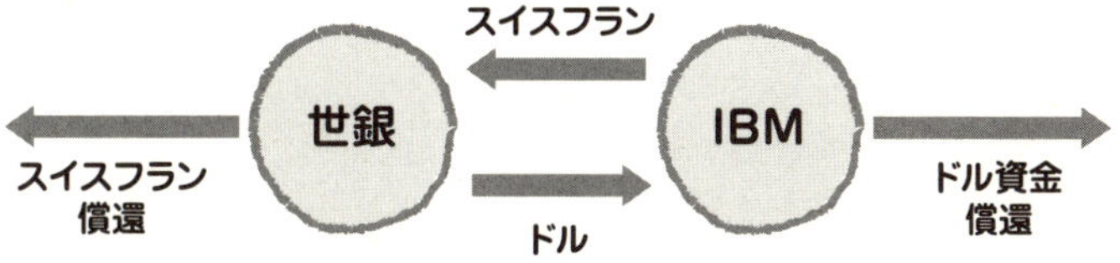
スイスフラン
世銀
IBM
スイスフラン
償還
ドル資金
償還
ドル

それぞれの償還資金を交換し、世銀がスイスフラン債を償還、IBMがドル債を償還する。

スワップにはどんな種類のものがあるの？

- スワップにはさまざまなものがあるが、代表的なものは「金利スワップ」と「通貨スワップ」である。

「金利スワップ」の特徴は？

- 金利スワップとは、「同じ通貨で、異なる種類の金利を交換するスワップ」である。
- 一般には、固定金利と変動金利を交換し、変動金利には「LIBOR」と呼ばれるレートが使われる。
- 固定金利をレシーブすると金利低下によって利益が生まれ、固定金利をペイすると金利上昇によって利益が生まれる。
- 金利スワップは、銀行ALM（資産負債総合管理）のニーズによって急速に発展した。

「通貨スワップ」の特徴は？

- 通貨スワップは、「異なる通貨のキャッシュフローを交換するスワップ」である。
- 通貨スワップによって、資金調達コストを大きく引き下げられる場合がある。

第3章

菜々子、オプションとランダムウォーク、そしてブラック＝ショールズ・モデルにたどりつく

KIHACHU
いた……
いらっしゃいませー
どうしたんですか？
突然こんな場所に
呼び出して…
優くん…
え～～～～ん!!

ちょ
ちょっと!!
だってぇ〜〜〜!!
だっ
お、落ち着いて
くださいまし…
何かあったんですか…？
うぇっぐ…あのね…
もう卒業しちゃった先輩に
久々に会ったんだけどね…
ぐすっ
はい
その先輩ちょーかっこよくて
私が内定してる銀行に
勤めてるの…
もしかして菜々子さんって
その人がいるから
その銀行を…？
コクッ

せっかく久々に
話したってのにその人ったら…
そっかー
じゃあ先輩
お仕事は順調
なんですねー
私も来年から
同じ職場で
働くのかー…
あ
そうそう
2コ上の先輩に
凄い女性が
いてねー…
女!?
まさに
敏腕!!
俺、ああいう女性に
憧れちゃうなー
あ…
そうなんですか…
ギュッ

憧れってか…
惚れちゃってるのかもね!!
ガーン
菜々子ちゃんもああいう女性を目指しなよ!!
そっ、そうですね はい…
なるほど…
もぉ〜〜〜〜!!
銀行への就職も金融工学の勉強もやめてやる——!!
そんなんじゃダメですよ!!
!!

その人のこと好きなんでしょ?
…うん
だったらしっかり勉強して見返してやろうじゃありませんか!!
そっか…
そうだよね!!
そうですよ菜々子さんならできますよ
ありがとう…やっぱり優くんを呼んでよかったよ!!
それじゃあ早速こないだの続きを聞かせて!!
はい!!

オプション取引の登場

今日はカブの話がメインです
あ〜、お味噌汁に入れるとおいしいよねぇ
そうですね
でも今回は野菜じゃなくて金融の方の「**株**」のお話です
ごめんなさい…
…はい
仮に菜々子さんは○○株式会社に出資しようと思っているとします
○○(株)
つまり○○株式会社の株を買おうとしているわけね
そうです
もし○○株式会社の業績がよければ株価が上がって、
○○(株)
大きな利益が期待できます

やったー
逆に業績が悪ければ
株価が下がって、
大きな損失を被って
しまうかもしれません
ガーン…
やっぱり、好きなものだけを選んで食べるように
「値上がり益だけは得られて
値下がり損は回避できるような取引」
ができたらいいって思いますよね？
肉うめー
もちろん!!
でもそんな都合
いい取引なんて
ないでしょ？
うー
それがあるのです
本当!?

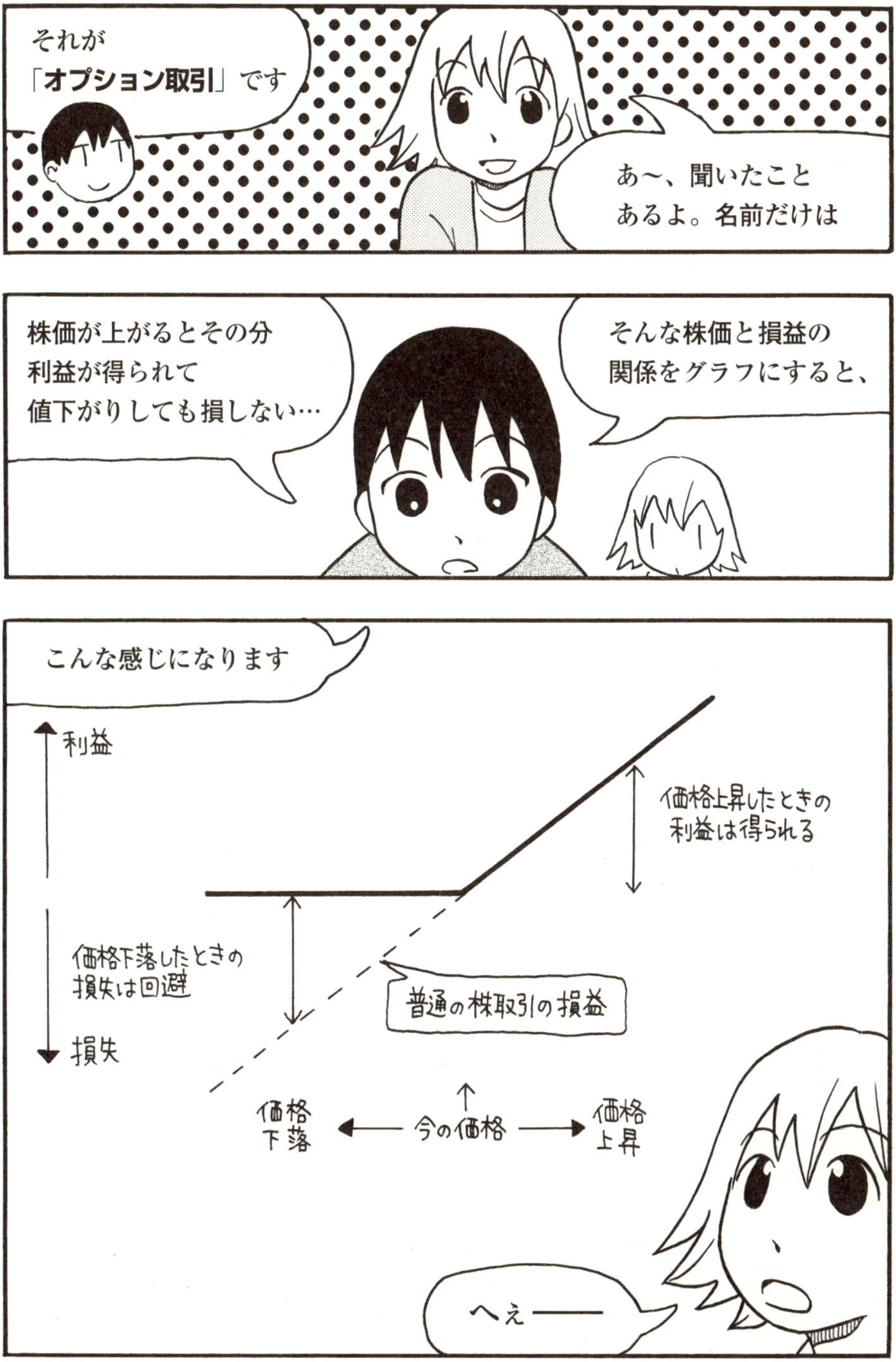
それが「オプション取引」です
あ〜、聞いたことあるよ。名前だけは
株価が上がるとその分利益が得られて値下がりしても損しない…
そんな株価と損益の関係をグラフにすると、
こんな感じになります
利益
損失
価格上昇したときの利益は得られる
価格下落したときの損失は回避
普通の株取引の損益
価格下落
今の価格
価格上昇
へぇ——

でもこれって私にとって一方的に
都合のいい取引だよね？
こんなの本当に成り立つの？
成り立ちます。ただし
「取引の代金として○○円を払えば」
という条件つきです
どうぞ
取引代金を払う
あー、やっぱり…
これが「オプション取引」です
一見一方的に有利に見えますが、
対価としてその有利さ分の
代金を払わなくちゃいけない
わけですね
結局おいしい話は
なかなかないってことね…

代金を払って損するリスクを
回避することを
「オプションを買う」といいます
オプションを買う
代金
オプション
損失を回避できるオプション
ふむふむ
逆に損するリスクのある不利な
契約を引受けて、
代わりに対価を受け取ることを
「オプションを売る」といいます
オプションを売る
オプション
代金
リスク
損失を負う義務
そんなことも
できるんだー？
ほへー
買う人がいれば売る人も
いなくては取引が
成り立ちませんから
それはそうか…

このオプションの代金（価格）を「**オプション・プレミアム**」といいます
オプション
代金
代金＝オプション・プレミアム
「オプションを買った」場合絶対に損することはないの？
確かに株価が下がってもその分損はしません
ホッ
株下落
でも
支払ったオプション・プレミアムは戻ってきませんから、
お金
トータルの損益はそれを差し引いたものになっちゃいます
そっか。プレミアム分は損しちゃう可能性があるのか…
ナルホド…
株価が上がった場合もプレミアム分は差し引いて考えなくちゃいけません

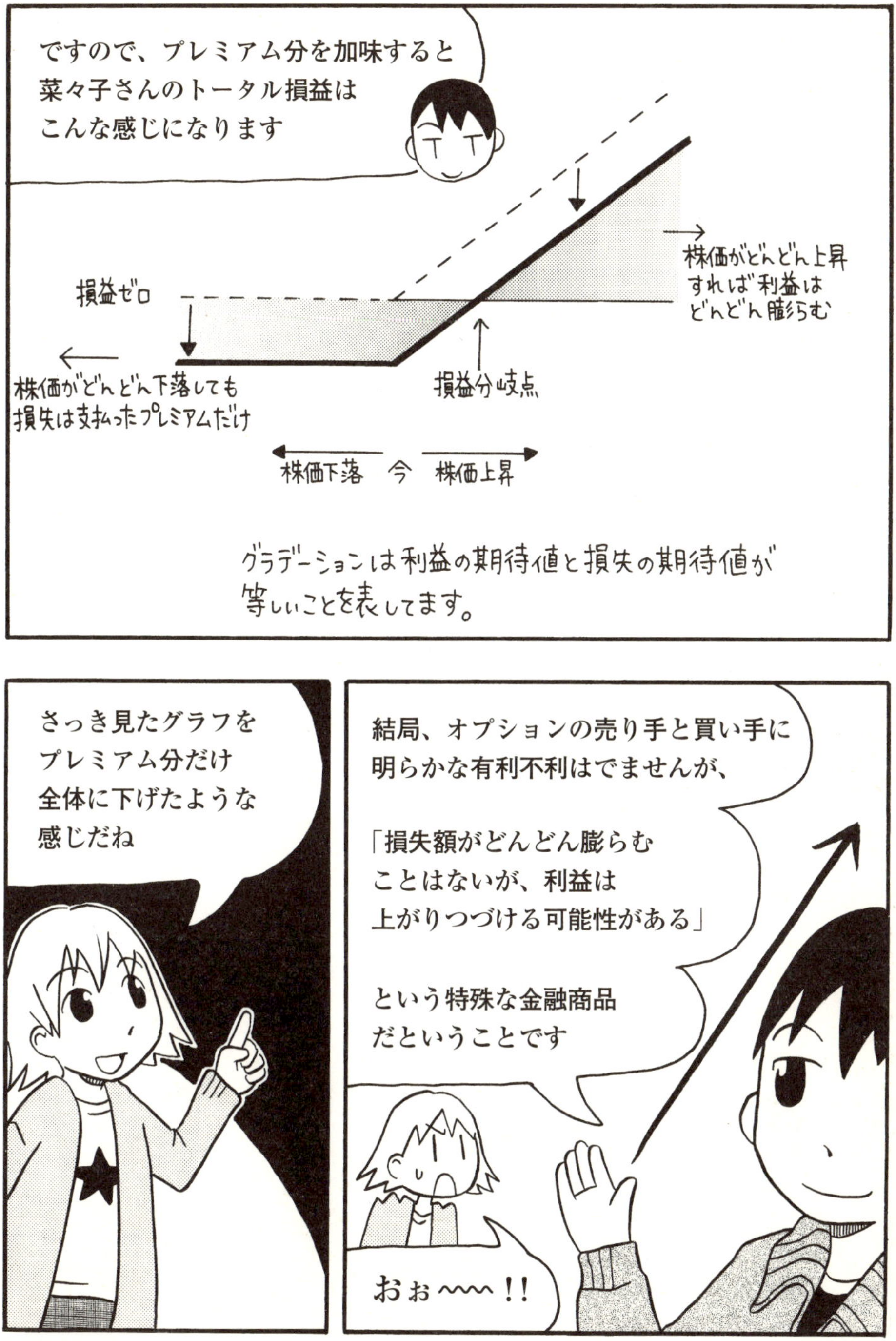
ですので、プレミアム分を加味すると
菜々子さんのトータル損益は
こんな感じになります
株価がどんどん上昇
すれば利益は
どんどん膨らむ
損益ゼロ
株価がどんどん下落しても
損失は支払ったプレミアムだけ
損益分岐点
株価下落　今　株価上昇
グラデーションは利益の期待値と損失の期待値が
等しいことを表してます。
さっき見たグラフを
プレミアム分だけ
全体に下げたような
感じだね
結局、オプションの売り手と買い手に
明らかな有利不利はでませんが、
「損失額がどんどん膨らむ
ことはないが、利益は
上がりつづける可能性がある」
という特殊な金融商品
だということです
おぉ〜〜!!

買う権利と売る権利

さて、オプションの買い手が
菜々子さんで、売り手が
ある証券会社だったとしましょう
売り手
買い手
うん

プレミアムの支払い額よりも
株価の値上がり幅が大きければ

結果として菜々子さんは
得をします
わーい
うんうん

逆に株価の上昇がプレミアム分
以下だったり下落してしまったと
すると、
証券会社が得をします
フフフ
ふむ…

このオプション取引は
「○○社の株を決められた
値段で買う権利」と
考えることができるんですよ
買う権利
どういうこと？
たとえば菜々子さんは
プレミアムを払って、
「○○社の株を100円で買う権利」
を手に入れました
買う権利
うん？
株価が上がって一株120円に
なっても菜々子さんは
「○○社の株を100円で買う権利」
があるので100円で買えます
120円ですが
ナナコさんには
100円で
売ります
買う権利

あー、なるほど
100円で買ったものが
マーケットでは120円で
売れるわけだから20円分は
儲けられるんだね
100円
120円
そうです
逆に株価が下がり
80円になったと
しましょう
100円
80円
この場合も100円で
買わなくちゃいけないの？
オプションはあくまでも
「権利」ですから
自分が有利にならな
ければ放棄しても
いいのです
じゃあこの場合は
権利を放棄すれば
株を買わなくても
いいんだね
けんり
ポイ
この損益をグラフにすると、
先ほどのグラフと同じ形に
なるのがわかります
時価
利益
100円で
買う権利
この場合は権利を放棄する
株価下落
株価上昇

もちろん権利の代金、つまりプレミアム分は損しちゃいますけどね
プレミアム
そうなるね…
一方、証券会社からするとこの「権利」は「義務」になります
義務
立場が逆だもんね
つまり菜々子さんが「買う権利」を行使したときは決められた値段で売らないといけないということです
くっ…
キ
この場合の証券会社（売り手）の損益グラフはこんな感じです
プレミアム分
100円
損益分岐点
0
株価下落
株価上昇

「買う権利」を買った私とは
上下反対になるんだね
このような「買う権利」のことを
「**コール・オプション**」と
呼んでいます
実は売る権利もあって
こっちは
「**プット・オプション**」と
呼びます
「売る権利」？
そうです
たとえば
「100円で売る権利」を
買った場合を考えて
みましょう
売
買
こんがらがる〜〜〜!!
「100円で売る権利」を買った株が
80円に値下がりしたら、
かぶ
80円
100円
エーッ
実際には80円のものを
100円で売ることができます

値下がり分が利益になるのか〜…なんか変な感じ
もし株価が上昇したら「売る権利」を放棄しちゃえばいいのです
売るけんり
ポイ
この場合の買い手の損益のグラフはこんな感じ…
100円
プレミアム
損益分岐点
株価下落
株価上昇
「買う権利」を買った場合とは左右対称になるのか…
はは—…
買
売

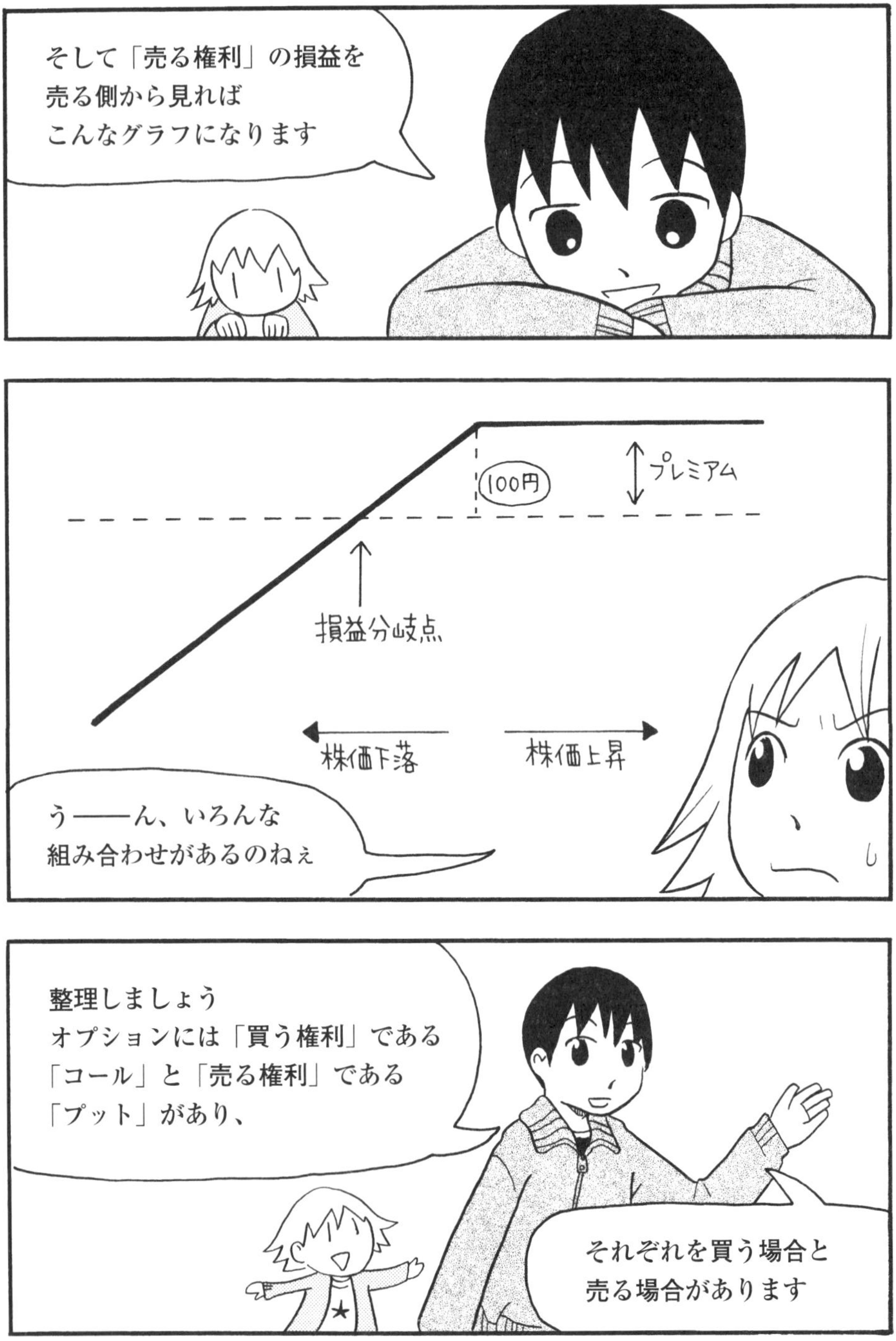
そして「売る権利」の損益を売る側から見ればこんなグラフになります
100円
プレミアム
損益分岐点
株価下落
株価上昇
う——ん、いろんな組み合わせがあるのねぇ
整理しましょう
オプションには「買う権利」である「コール」と「売る権利」である「プット」があり、
それぞれを買う場合と売る場合があります

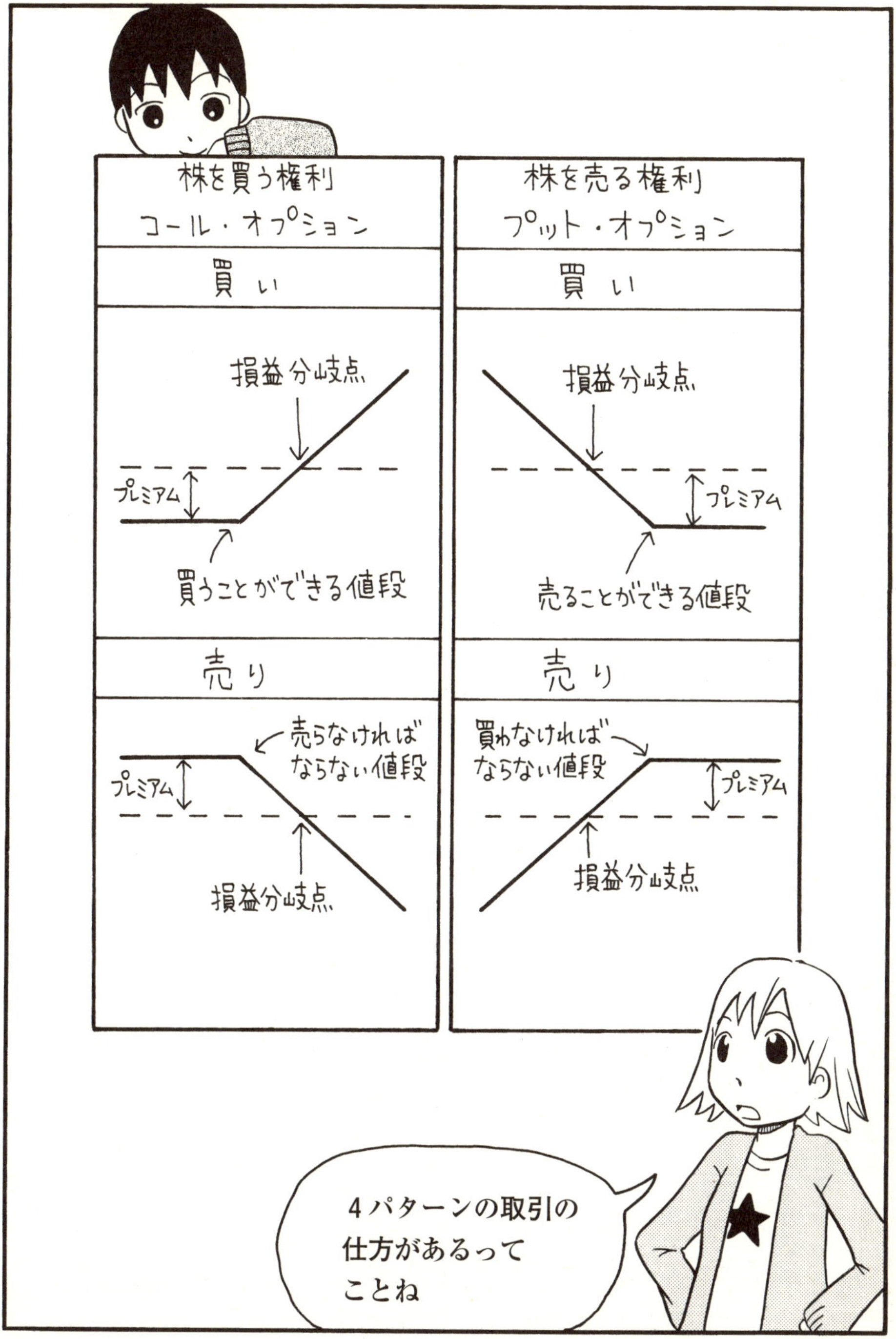
株を買う権利
コール・オプション
買い
損益分岐点
プレミアム
買うことができる値段
売り
売らなければ
ならない値段
プレミアム
損益分岐点
株を売る権利
プット・オプション
買い
損益分岐点
プレミアム
売ることができる値段
売り
買わなければ
ならない値段
プレミアム
損益分岐点
4パターンの取引の
仕方があるって
ことね

プレミアム金額はどう決まる？

さてさて菜々子さんが○○社の株のコール・オプションを買う場合、
プレミアムと呼ばれる対価を払わなくてはなりませんでした
○○(株)
そうだったね
それではプレミアムの金額はどうやって決めればよいか考えてみましょう
は――い
将来の正確な予測はできないとはいえある程度の見積もりができないと、
春から
銀行に就職
ある程度の見積もり
この額は決定できませんよね
そうだね

将来の株価を断定することはできませんが、もしかしたら100円のままかもしれないし、
110円になるかもしれないし、
90円になるかもしれないというように考えることはできます
変化の幅を推測するってこと？
そういうことです
100円の株がいきなり300円になったり10円になってしまう可能性が低いことも推測できますね
よっぽどのことがないとね

ここで仮に株価は半年で
10円上がるか10円下がるかの
どちらかになるとし、
50%
50%
その確率はどちらも
50%としましょう

そうすると～…
50%
半年後。
50%
今100円の株価は半年後には
50%の確率で10円上がって
110円になって、50%の確率で
10円下がって90円になるってことね

そこでまずは110円になった
ケースだけ考えてみましょう
うん

この場合110円になってから
さらに半年後つまり今から
１年後に50%の確率でさらに
10円値上がりして120円に、
50%の確率で
10円値上がり
やはり50%の確率で
10円値下がりして100円に
なります
50%の確率で
10円値下がり
ふむ…
つまり今から１年後に
120円になっている確率は
25
最初に110円になる確率50%と
それが120円になる確率50%を
掛けあわせて（50%×50%）で
25%です
100円になっている確率も
同じく25%ですね
25
そうだね

次に半年後に90円に
なっていた場合のことも考えてみます
うん
先程の場合と同様に、
10円値上がりして今から
１年後に100円になる
確率が25%、
10円値下がりして
80円になる確率が、
やはり25%になります
つまり全部を足し合わせると
１年後に120円になっている
確率は25%、
80円になっている確率は25%、
100円になっている確率は
25%が２つだから
50%ってことね

図にしてみるとこういうことです

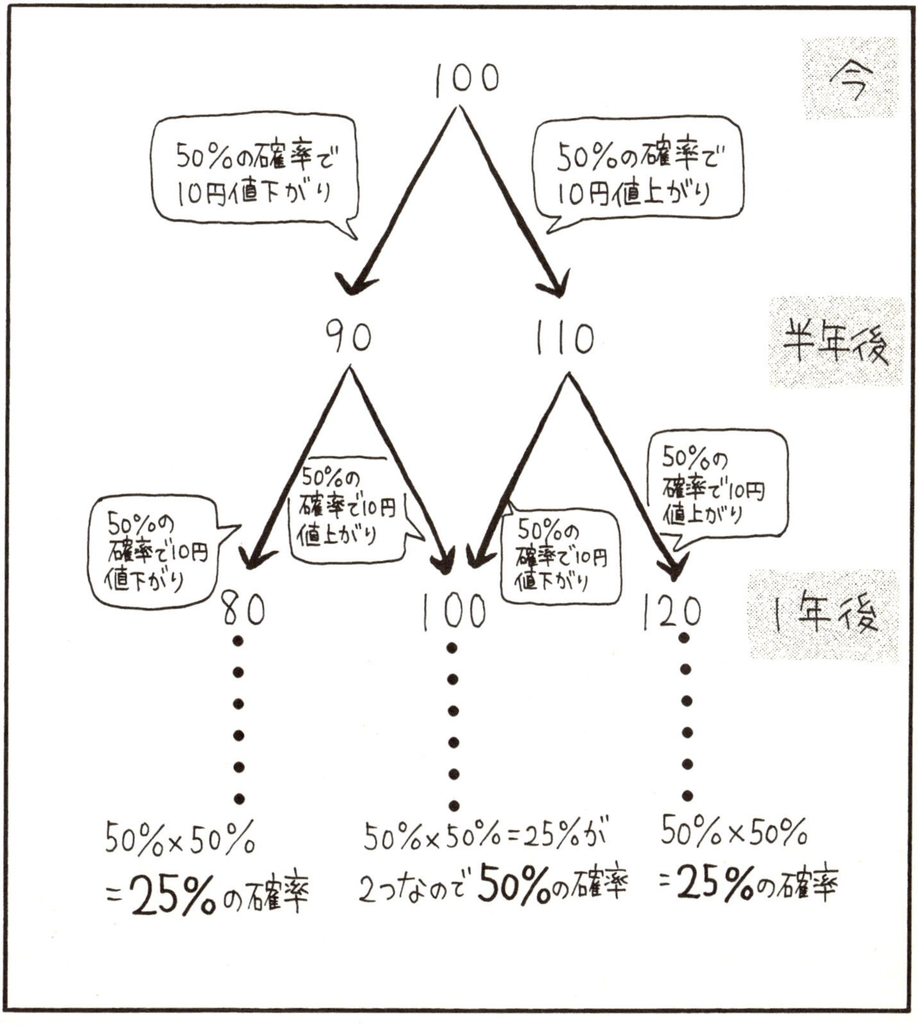
今
100
50%の確率で10円値下がり
50%の確率で10円値上がり
半年後
90
110
50%の確率で10円値下がり
50%の確率で10円値上がり
50%の確率で10円値下がり
50%の確率で10円値上がり
1年後
80
100
120
50%×50%=25%の確率
50%×50%=25%が2つなので50%の確率
50%×50%=25%の確率

さて菜々子さんは
コール・オプションを
買っていますから、
1年後に株価が120円に
なっていれば「買う権利」
を行使して1株につき
20円分儲けられます
買う権利
うん
その確率が25%
なのね
株価が変わらず100円のままであれば、
「買う権利」を行使してもしなくても
儲けはゼロです
買う権利
その確率は50%…
う―――――ん
25%で
120円
儲け=20円
50%で
100円
儲け=0円
25%で
80円
儲け=0円

また確率25%の80円に
なる場合も「買う権利」は行使
しないで放棄しますので
やはり儲けはゼロ
そうだねぇ

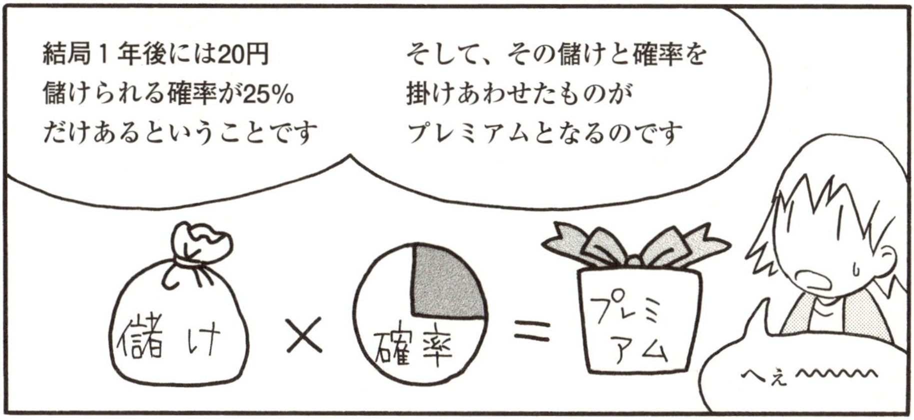
結局１年後には20円
儲けられる確率が25%
だけあるということです
そして、その儲けと確率を
掛けあわせたものが
プレミアムとなるのです
儲け
×
確率
=
プレミアム
へぇ～～～

つまり20円の25%、
20円×25%（0.25）＝５円が
このオプションのプレミアム
だといえます

おぉ〜!! じゃあ5円払えば このオプションを買えるんだね!!
じゃーん
五円
いや正確には5円じゃなくていいんですよ
えぇー、なんで!?
この5年は1年後の5円ですから、今現在やり取りする場合は現在の金額に置きかえなくちゃならないのです
5円→?円
あぁ〜、こないだ そんな話したねぇ〜
なんだっけ… 「ディスカウントファクター」?

そう。ディスカウントファクターの値を掛けてあげればいいんでしたね
現在価値
将来価値
キャッシュフロー
なるほどね〜
ディスカウントファクターが0.971だとすれば
5円×0.971＝4.855円です
ピピ
小数点以下はどうするの？
もちろん小数点以下のお金はないのですがこれは1株あたりの値段です
1株
つまり1000株分買おうとしたら4.855円×1000株＝4,855円となるわけです
1000株
納得ぅ〜!!

ランダムウォークと正規分布の関係

でもしくみは
なんとなくわかったよ！
これはものすごく単純化した
お話なので、もちろん現実は
はるかに複雑です

うんうん
踏み込んだ話
それはよかったです。
それではもうちょっと
踏み込んだ話を
しましょう

「原油価格の上昇で××社は
減益になりそうだ」というような
予測のもとに投資家は
株の売買をします
「新規事業が快調だから
売上が伸びそうだ」とか、
増
減
そうだね

つまり、今の株価には
すでに明らかになっている
将来の予測が反映
されています
だから株価が変動するのは
今までに予測されてなかった
ような新しい情報が生まれた
ときということになります
新しい情報
そういうことになるね
しかし新しい情報が株価を
上昇させるものか下落させるものか、
その情報が入ってくるまで
わかりません
そりゃそうだ…
そのためパチンコ玉が
クギに当たるたびに
方向を変えながら
落ちていくように…
あるいは酔っ払いが
自分の意志と関係なく
フラフラと千鳥足で
歩いていくように…
せんぱいっ
株価は正確な
予測ができないような
動き方をします
なんで私が
よっぱらいなの!?

酔っ払いが右に一歩踏み出すか
左に一歩踏み出すか
わからないように、

株価も上がるか下がるか
わからないってことね…

こうした動きは
「ランダムな動き」といい、

こうしたランダムな動きが重なって
物事が進んでいく様子を
「**ランダムウォーク**」というんですよ
ネ!!
へえ～

このランダムウォークには
面白い性質があるんですよ
どんな？

ある一定の距離を
同じスタート地点から酔っ払いが
歩きはじめ、ゴールした
地点を記録していく…
これを何度も繰り返して、
どの地点にどのくらいの
確率で到達するかを観測すると、

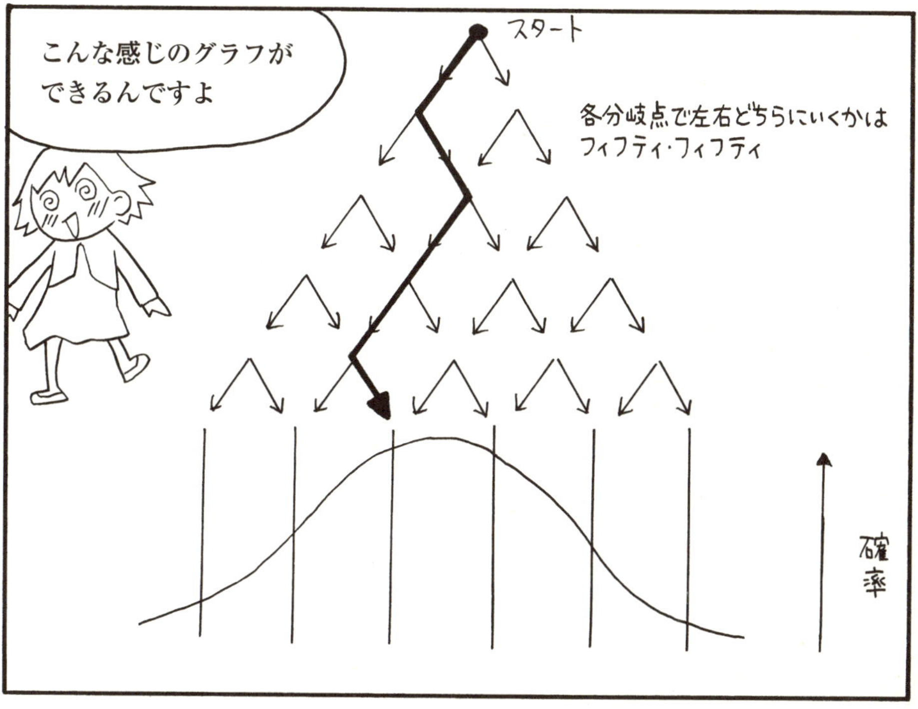
こんな感じのグラフが
できるんですよ
スタート
各分岐点で左右どちらにいくかは
フィフティ・フィフティ
確率

スタート地点に近いところに着く
確率が高くて、離れたところに
いっちゃう確率は低いんだね!!

金融界の偏差値・ボラティリティ

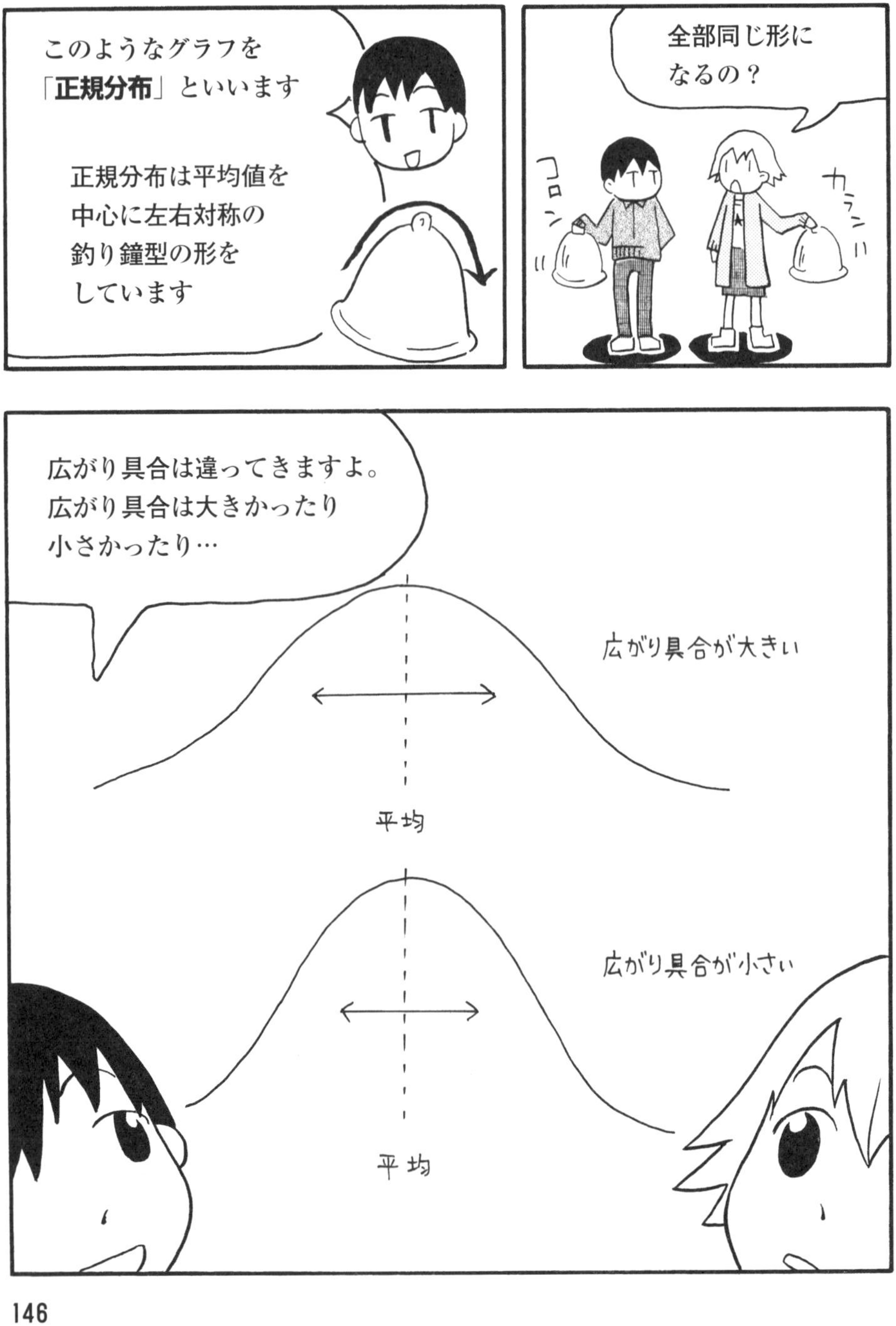
このようなグラフを
「**正規分布**」といいます
正規分布は平均値を
中心に左右対称の
釣り鐘型の形を
しています
全部同じ形に
なるの？
コロン
カラン
広がり具合は違ってきますよ。
広がり具合は大きかったり
小さかったり…
広がり具合が大きい
平均
広がり具合が小さい
平均

酔っ払いでいえば比較的足取りが
しっかりしているか、泥酔してどこにいくか
危ういかの違いみたいなものね…
だからなんで私…
この広がり具合を
「**標準偏差**」といいます
へぇ〜
この標準偏差がわかれば
株価がどのくらいの価格帯で
変化する可能性があるか
ということがわかります
フムフム
この標準偏差のことを
金融の世界では
「**ボラティリティ**」と呼んでいます

いいにくいなぁ…
で、そのボラティリティは
どうやって求めるの？
ぼらてぃりてぃー
基本的にはその株が
過去にどの程度の
変動をしてきたかと
いうことを参考に
求めます
過去の値をそのまま
当てはめるの？
いえいえ
あくまで過去の値を
参考に将来の見込みを
するってことです
見込みってことは計算する
人によって値が
変わってきちゃうんじゃない？
そのとおりです
ですが、オプションが
市場で取引されていく
過程で、
多くの人が納得できる
ボラティリティの水準が
次第に決まっていくのです

理屈からいえば
ボラティリティ、つまりグラフ
の広がり具合がわかれば、
ある価格になる確率が
どのくらいになるかという
計算ができます
ううっ…
私にはとても計算できなそう
だけど理屈はそうだね
わかれにゃい
○○円儲かる可能性が
××％ということがわかれば
オプションプレミアムが
計算できたわけですから、
ボラティリティがわかれば
同じ計算ができる
わけです
なるほど…。でも
株価が△△円になる
確率は××％って、
いちいち全部
計算していくのって
大変そうだねぇ～…
メモメモ
ピピピピ

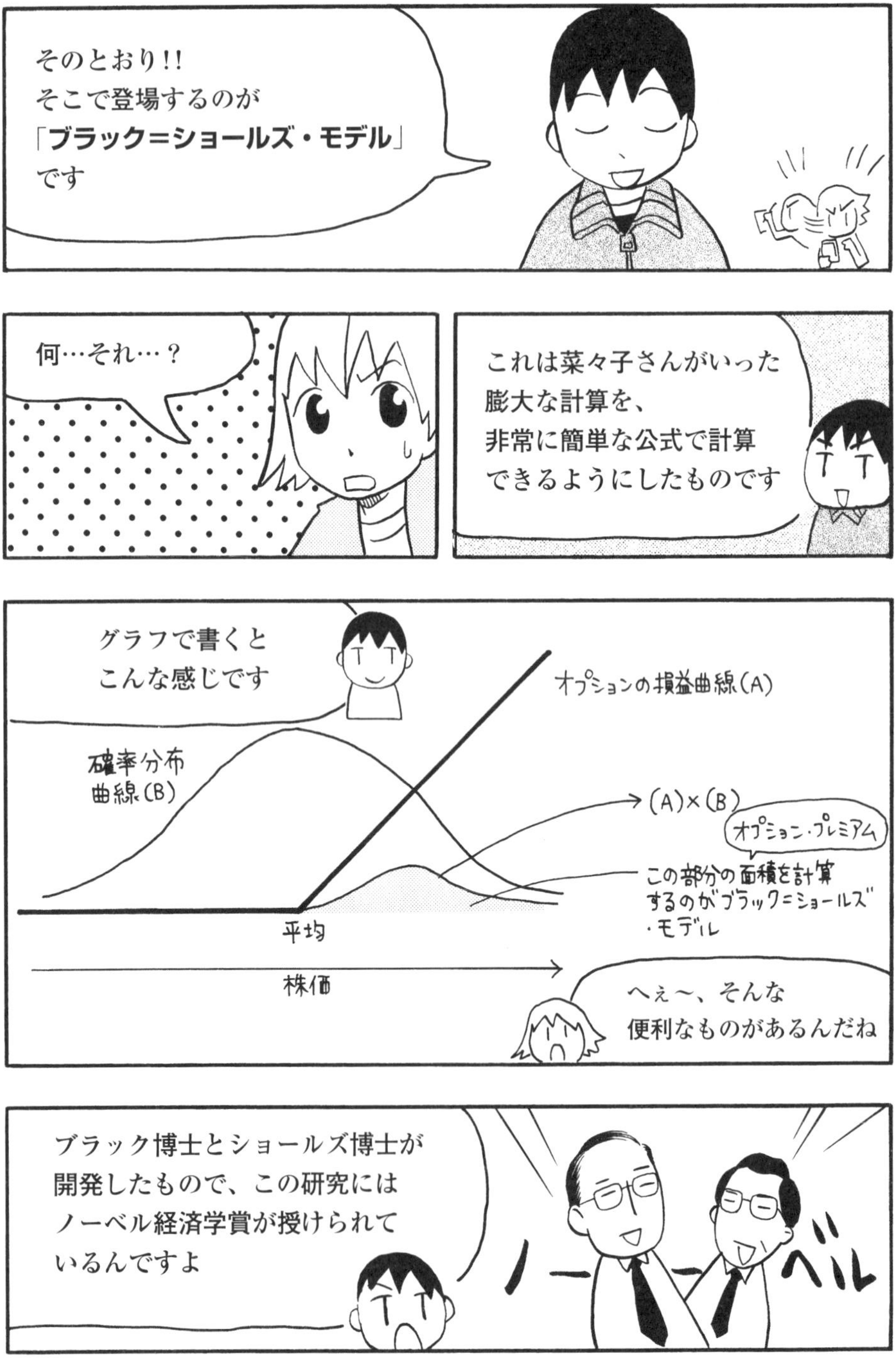
そのとおり!!
そこで登場するのが
「ブラック＝ショールズ・モデル」
です
何…それ…？
これは菜々子さんがいった
膨大な計算を、
非常に簡単な公式で計算
できるようにしたものです
グラフで書くと
こんな感じです
オプションの損益曲線(A)
確率分布
曲線(B)
(A)×(B)
オプション・プレミアム
この部分の面積を計算
するのがブラック＝ショールズ
・モデル
平均
株価
へぇ～、そんな
便利なものがあるんだね
ブラック博士とショールズ博士が
開発したもので、この研究には
ノーベル経済学賞が授けられて
いるんですよ
ノーーベル

すごい式なんだね!?
でも、それだけ難しいんでしょ～?
またまたわかんにゃーい
数学的には難しいものですが実際にはパソコンで簡単に計算できちゃいます
機械文明の勝利だね!!
と、とにかく…
この計算の生い立ちや計算方法など知らなくても、
どういうものかという考え方がわかっていれば怖くないということです
おーっ
うんうん!!
なんとなく自信ついてきたよ!!
エヘヘ
元気になってもらえてよかったです

「オプション」とか
「ランダムウォーク」とか
「ボラティリティ」とか
難しい言葉を覚えると
なんか賢くなった気分～♪
そ、そうですね…

きわめて単純な例で
話してきましたが、
現実の市場で決定される
株価の動き方は

ランダムウォーク理論で
考えられているものと
非常に似ていると
いわれてるんですよ
へぇ～!!

ですから株価の変動の確率を
正規分布で表すことは
理に適ったことなのです

わかった!!
優くん今日もありがとうね!!
いえいえ
この調子で頑張って
いきましょうね!!
うん! いっぱい
勉強して堂々と
先輩にアタックして
やる〜〜〜!!
ささ、今日はおごって
あげるから好きなものを
お食べ!!
え
えーと…
Menu
じゃっ、私は
とりあえずビールで!
Menu
いつのまに!?
まっ、まだお昼
ですよ——っ!!

補講8

オプションの基本を押さえよう

オプションは、デリバティブの粋《すい》であると同時に、一番難しい分野でもあります。

オプションには、マンガで説明していた基本的なタイプのもの以外にもさまざまなものがありますし、オプションの価格、つまりオプションプレミアムを計算する方法にも、ブラック=ショールズ・モデル以外にさまざまなものがあります。

でも、まず肝心なのは、基本的な取引形態と基本的な考え方を押さえることです。ちょっと、おさらいと補足をしていきましょう。

コール・オプションって何だっけ？

オプションには、株や債券、為替などの対象資産を、将来のある時点で、あらかじめ決められた価格で買うことができるコール・オプションと、同じようにして売ることができるプット・オプションがあります。

コール・オプションは、たとえば現在100円のA社株を１年後に110円で買えるというような権利のことです。

実際に権利を行使することができる日、この例では１年後の日付を**行使日**といい、行使日までの期間、つまりこの例では１年のことを**オプション期間**といいます。

ちなみに、このように「将来のある特定の日に権利が行使できる」一般的なオプションを「ヨーロピアン」と呼びます。これに対して

「将来のある特定の日までの間ならいつでも権利が行使できる」というタイプのものもあり、これを「アメリカン」と呼んでいます。

また、その値段で買うことができるという値段、つまり今の例では110円のことを**行使価格**、または英語でストライク・プライスといいます。

さて、もしA社株の市場での価格が１年後にこの行使価格を上回っていたら、このオプションを行使することで、その差額分を得ることができます。たとえば、１年後の株価が120円であったとき、110円で買える権利を行使すればA社株は110円で手に入り、それを市場で120円で売ることができるので、「120－110=10円」分が収益となります。

ただ、このオプションを買うためにはプレミアムと呼ばれるオプションの料金を支払わなければいけません。それが10円だったとすると、オプション行使に伴う10円の利益とチャラになって、トータルでは利益が出ていないことになります。

つまり、コール・オプションを買って利益が出るのは、オプションの期日（この例では１年後）に、**株価が〔行使価格＋プレミアム〕以上に上昇していたとき**になります。一方で、株価がいくら下がったとしてもプレミアム以上には損をしません。

これは、「株価が上昇したときの利益は得たいのだが、もしかすると予想に反して株価は下落するかもしれないので、そのリスクはヘッジ（回避）しておきたい」という人が、手数料（プレミアム）を払ってその権利を買う取引ということができます。

さらに別のいい方をすると、コール・オプションの買い手は、「株価は上がる可能性が高いが、上がるにしても下がるにしても大きく価格が変動するだろう」と考えている人ということになります。

まず、「株価は絶対に上がる」と考えている人には不向きです。株価が上昇したときには、株をそのまま買っている場合に比べると、プレミアムを支払った分、収益が減ってしまうからです。また、「株価は少しだけ上昇するだろう」と考えている人にとっても、そのまま株を買ったほうが有利です。コール・オプションを買って儲かるのは、株価が大きく動いて、〔行使価格＋プレミアム〕以上にまで株価が上昇したときだけだからです。

行使価格とプレミアムの関係

オプションの行使価格は、基本的にいくらでもOKです。たとえばA社株を50円で買う権利、あるいは150円で買う権利といったものも可能です。

ただし下の図でわかるように、現在の株価が100円だったとして、1年後に50円以上である確率は、150円以上になっている確率よりもだいぶ高くなりますね。つまり、行使価格が低いコール・オプションは、それだけオプションの行使に伴う利益が得られやすく、それだけ有利なオプションとなります。

○株価が50円以上になる確率と150円以上になる確率○

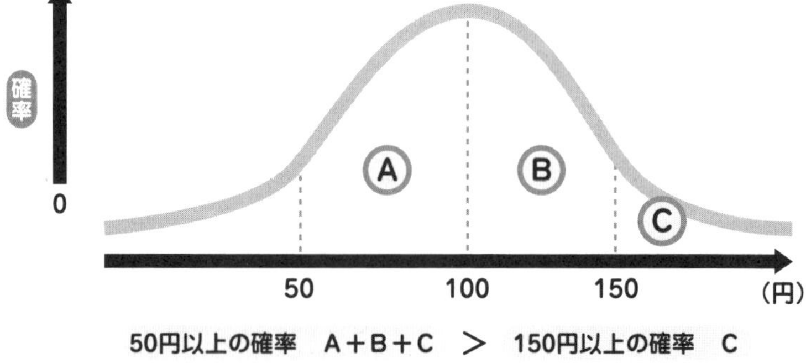

たとえば１年後の株価が今と変わらない100円だったときに、行使価格150円のコール・オプションは、行使に伴う利益を得られませんが（150円で買っても、市場では100円でしか売れないため）、行使価格が50円のコール・オプションでは、50円で買って100円で売れるため、行使に伴う利益が50円も発生します。

しかし、デリバティブでは明らかな有利不利が発生しないように価格が決まっていきます。有利なオプションはそれだけ値段＝プレミアムが高いのです。つまり、行使価格の低いコール・オプションは、プレミアムも高くなるという関係になることがわかります。

ちなみに、コール・オプションの場合、行使価格が現在株価（正確には現在の市場に織り込まれている将来の価格＝フォワード価格）よりも低いオプションをイン・ザ・マネー（**ＩＴＭ**）、高いものをアウト・オブ・ザ・マネー（**ＯＴＭ**）、等しいものをアット・ザ・マネー（**ＡＴＭ**）と呼んでいます。なお、プット・オプションの場合は呼び方が逆になって、行使価格が高いものがＩＴＭで、行使価格が低いものがＯＴＭとなります。

〇ＡＴＭ、ＩＴＭ、ＯＴＭ（コールの場合）〇

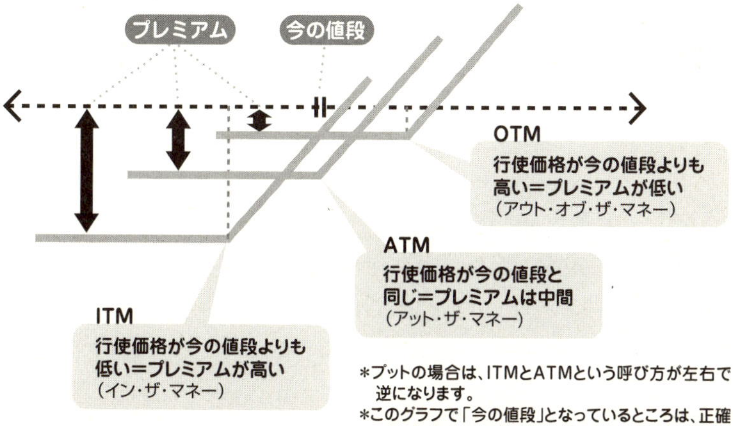
プレミアム
今の値段
OTM
行使価格が今の値段よりも
高い＝プレミアムが低い
（アウト・オブ・ザ・マネー）
ATM
行使価格が今の値段と
同じ＝プレミアムは中間
（アット・ザ・マネー）
ITM
行使価格が今の値段よりも
低い＝プレミアムが高い
（イン・ザ・マネー）

＊プットの場合は、ITMとATMという呼び方が左右で逆になります。
＊このグラフで「今の値段」となっているところは、正確には「今の市場で予想されている将来の値段」です。

コール・オプションの売り手ってどういう人？

さて、取引が成立するためには、買い手と売り手がいなければいけません。ここが少しややこしいところですが、コール・オプションの売り手は、「買う権利」を売っていることになります。

つまり、「買う権利」すなわちコール・オプションの買い手が権利を行使してきたときは、それに応じる義務が発生します。

コール・オプションの売り手の損益をグラフにすると、買い手の損益とは上下反対の関係になることはマンガでの説明のとおりです(→131ページを参照)。

すなわち、買い手にとって利益の出る状態、つまり、1年後の株価が〔行使価格+プレミアム〕よりも上昇している場合には、売り手側には損失が発生します。逆に、1年後の株価がそれ以下の場合には売り手の側に利益が出るということになります。買い手の場合とは逆に、いくら株価が下落しても売り手の利益はプレミアム以上に増えることはなく、株価がどんどん上昇した場合にはそれに応じて損失が膨らみます。

ですから、「A社の株価は、そんなには下がらないかもしれないものの、大きく上昇することはないだろう」と考えている人にとっては、コール・オプションを売ることがぴったりくる取引といえます。

いい方を変えると、コール・オプションの売り手は、「株価は下がる可能性が高いが、いずれにしても大きな価格変動はないだろう」と考えている人ということになります。

もし、「株価は大きく下落するだろう」と考えている人は、その株を売ること（空売り）によって、予想が実現したときに大きな利益を得ることができます。コール・オプションを売っている場合は、いくら株価が下落してもプレミアム以上には儲からないので、そうした人には向いておらず、あくまでも「株価が大きくは動かない」と考えている人向きです。

これに対して、先ほど見たとおり、買い手は「株価が大きく動く」と考えていたのですよね。オプションの売り手と買い手は、ただ単に相場が上がるか下がるかということだけではなくて、**相場が大きく動くか小さくしか動かないか**という点についても、正反対の考え方をしていることになります。

このようにしてみていくと、オプションというのは、「株価は大きく上がると思うが、逆に大きく下がる可能性も否定できない」とか、「株価は下がりそうだが、あまり大きくは下がらないだろう」というような、普通の買いや売りといった単純な取引に比べて、より複雑で繊細な投資ニーズにこたえる商品ということができます。

プット・オプションって何だっけ？

コール・オプションに対してプット・オプションは「売る権利」です。プット・オプションの損益グラフは、コール・オプションのものと左右が逆になっていましたね（→131ページを参照）。

たとえば、１年後にA社株を110円で「売る権利」、つまりプット・オプションを買った人は、１年後の株価が90円になっていたとすると、市場でA社株を90円で買ってきて、それを、オプションを行使して110円で売れば差額の20円分が得られます。もちろんプット・オプションにもプレミアムがかかりますから、プット・オプションを買って利益が出るのは、**〔行使価格－プレミアム〕以下に株価が下がったとき**ということになります。そして、株価が予想に反して急上昇してしまった場合でも、買い手の損失はプレミアム分に限られます。

これは、「A社株の株価が大きく下がりそうなのでそのときに利益を得たいが、株価が急上昇する可能性もあるので、そのときにも損失が抑えられるようにしたい」という人向けの取引です。

一方のプット・オプションの売り手にとっては、1年後の株価が〔行使価格－プレミアム〕以下に下がったときには損失が発生し、どんどん株価が下がってしまえばそれに応じて損失も膨らみます。逆に、1年後の株価が〔行使価格－プレミアム〕以上であれば、売り手の利益となります。ただし、売り手の利益は最大でプレミアム分までです。

ですから、プット・オプションの売りは、「A社株の株価は、大きくは上がらないかもしれないが、大きく下落することもないだろう」と考えている人向けの取引ということになります。

コール・オプションの買いと売り、プット・オプションの買いと売り、というオプション取引の4パターンについて、その特徴を右の図にまとめていますので、どういう場合にこの4パターンを使い分けるのか、もう一度確認してみてください。

コールとプットの奇妙な関係――プット・コール・パリティ――

さて、コール・オプションとプット・オプションの関係で、面白い現象を1つ見てみましょう。

たとえばA社株をすでに保有している投資家がいるとします。この投資家が「A社株は大きく上昇するかもしれないので手放したくないが、もしかしたら大きく下がってしまうかもしれない」と考え、リスク・ヘッジのためにプット・オプションを買ったとします。

○オプションの「4パターンの使い分け」○

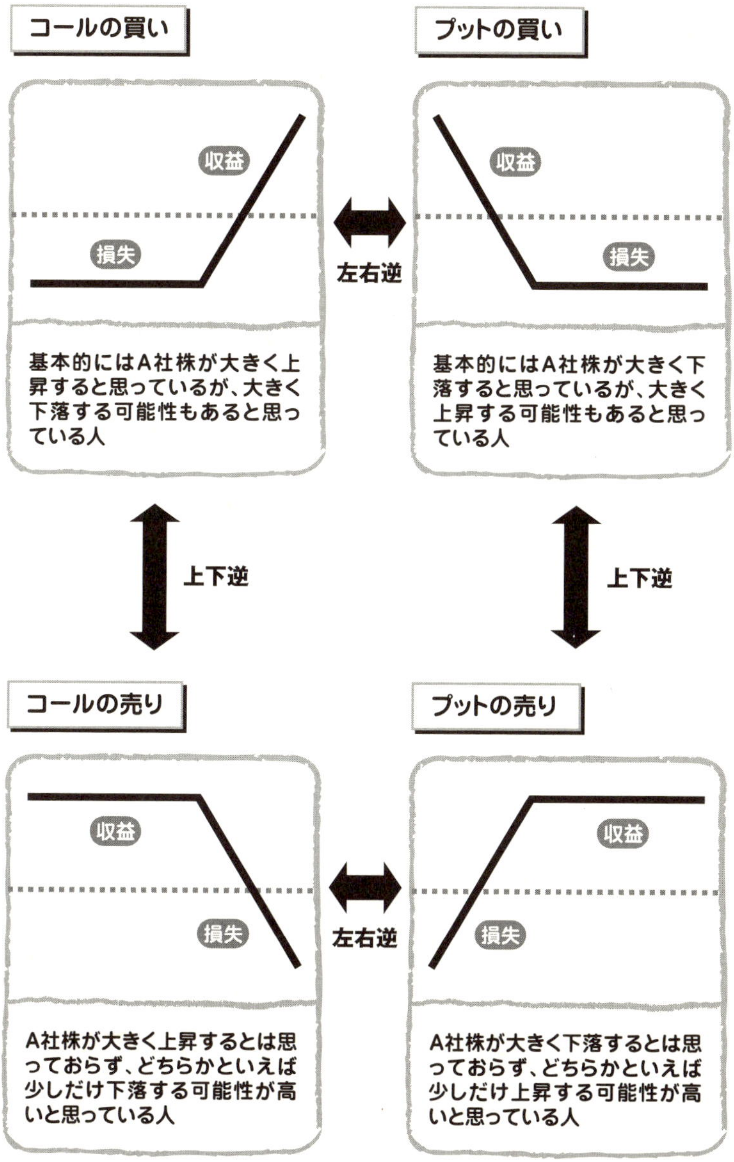
コールの買い
収益
損失
基本的にはA社株が大きく上昇すると思っているが、大きく下落する可能性もあると思っている人
左右逆
プットの買い
収益
損失
基本的にはA社株が大きく下落すると思っているが、大きく上昇する可能性もあると思っている人
上下逆
上下逆
コールの売り
収益
損失
A社株が大きく上昇するとは思っておらず、どちらかといえば少しだけ下落する可能性が高いと思っている人
左右逆
プットの売り
収益
損失
A社株が大きく下落するとは思っておらず、どちらかといえば少しだけ上昇する可能性が高いと思っている人

理屈で考えるよりも下の図を見ていただいたほうがわかりやすいかもしれません。原資産の損益曲線とプット・オプションの買いの損益曲線を組み合わせると、株価が上昇したときには利益が拡大し、株価が下落したときには損失が一定額以上には膨らまないという損益の形になります。

○「原資産の買い」と「プットの買い」の組合せ○

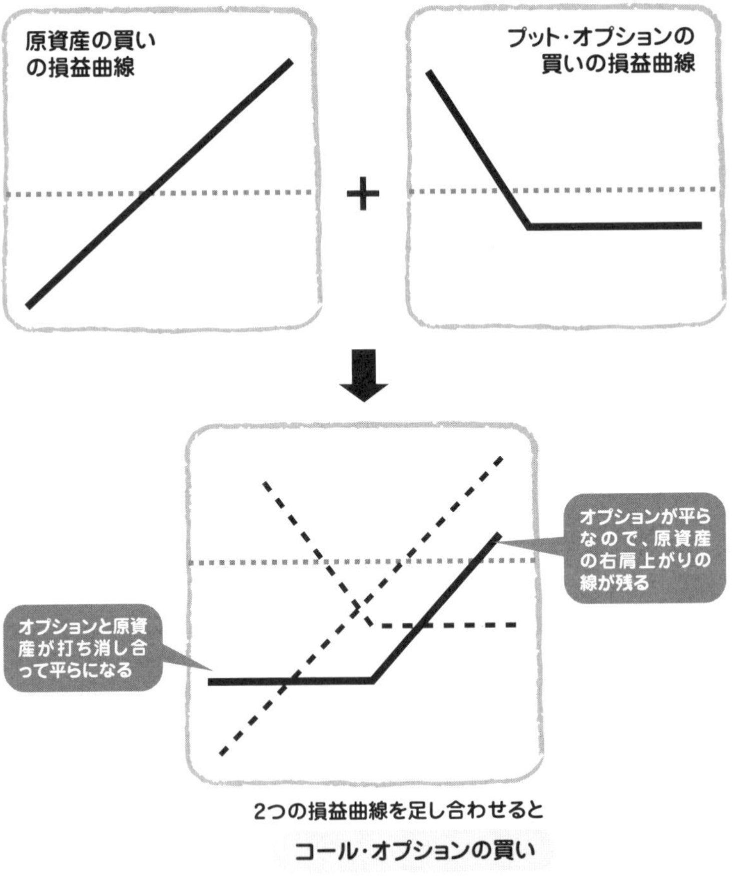
原資産の買いの損益曲線
プット・オプションの買いの損益曲線
オプションが平らなので、原資産の右肩上がりの線が残る
オプションと原資産が打ち消し合って平らになる
2つの損益曲線を足し合わせると
コール・オプションの買い

これはどこかで見た形ですよね。そう、コール・オプションと同じなのです。つまり、原資産と組み合わせることで、プット・オプションがコール・オプションに変わったというわけです。

一般的に、

原資産の買い＋プット・オプションの買い
＝コール・オプションの買い

という関係が成り立ちます。少しこの関係式を入れ替えてみると、

コール・オプションの買い＋原資産の売り（※）
＝プット・オプションの買い

※符号が逆になるので「買い」が「売り」になる。

となって、今度はコール・オプションをプット・オプションに変換することもできることがわかります。

次に、現株（オプションではない普通の株という意味で現株ということがあります）を保有している投資家がコール・オプションを売却するとどうなるでしょうか（こうした取引をカバードコールといいます）。同じようにグラフを足し合わせてみると、次ページの図のように、プット・オプションを売っているのと同じになります。

すなわち次のような式です。

原資産の買い＋コール・オプションの売り
＝プット・オプションの売り

つまり、原資産と組み合わせることで、コール・オプションの売りをプット・オプションの売りに転換できます。関係式を入れ替えると、

プット・オプションの売り＋原資産の売り
＝コール・オプションの売り

となって、プット・オプションの売りからコール・オプションの売りに転換することもできます。

このように、コール・オプションとプット・オプションは、対象となる原資産をはさんで密接に結びついた関係になっているわけです。こうした関係のことを**プット・コール・パリティ**といっています。

○「原資産の買い」と「コールの売り」の組合せ○

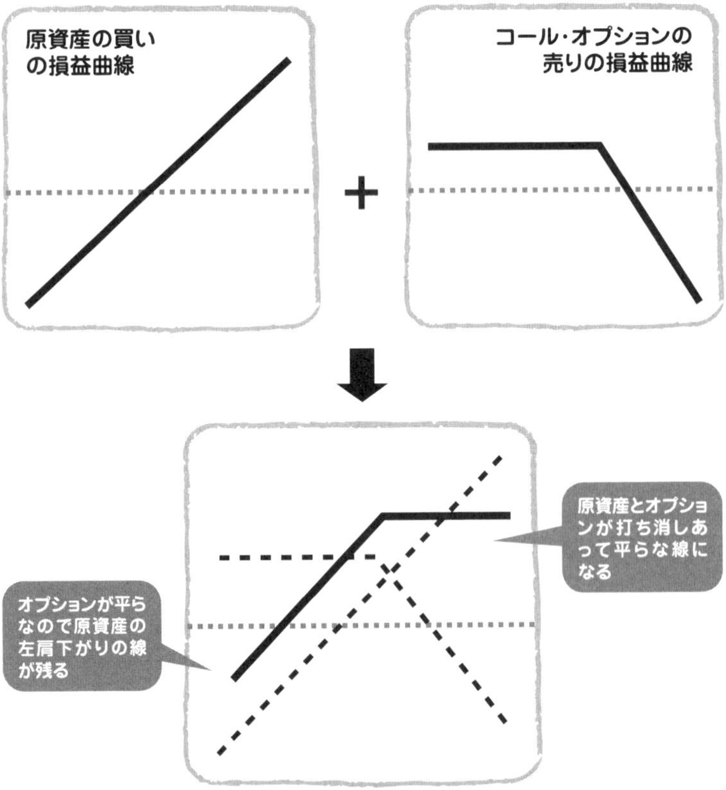

原資産の買いの損益曲線
コール・オプションの売りの損益曲線
原資産とオプションが打ち消しあって平らな線になる
オプションが平らなので原資産の左肩下がりの線が残る

2つの損益曲線を足し合わせると

プット・オプションの売り

もう１つ、頭の体操として例をあげます。

行使価格が等しいプット・オプションの買いとコール・オプションの売りを組み合わせるとどうなるでしょうか。

これは下の図のとおり、価格が下がると利益が出て、価格が上がると損失が出るという直線のグラフになります。これはこの原資産を売っている（空売りしている）のと同じです。オプションを合成することによって空売りと同じ効果が得られるのです。これを**シンセティック・ショート**（「合成された空売り」の意味）と呼んでいます。

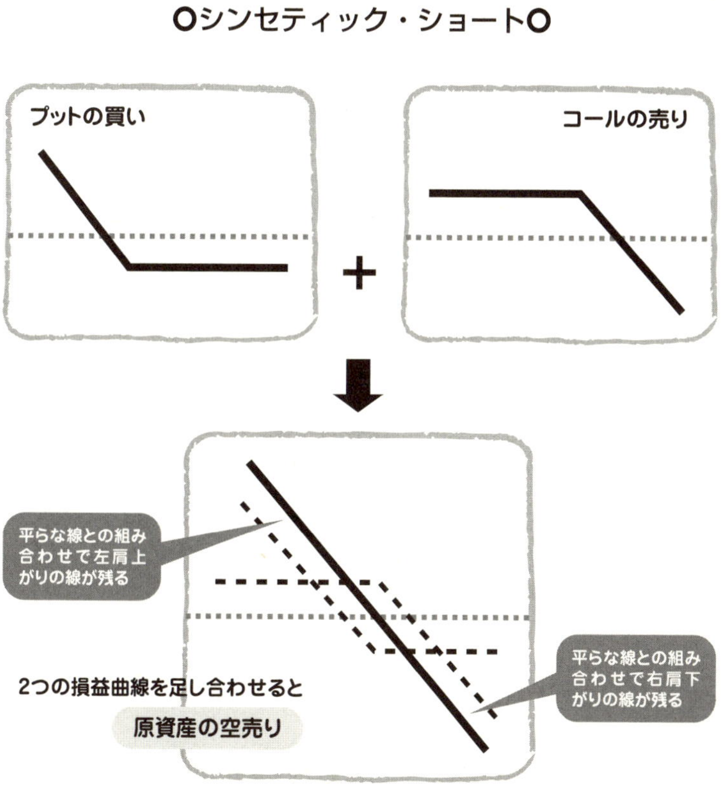
○シンセティック・ショート○
プットの買い
コールの売り
平らな線との組み合わせで左肩上がりの線が残る
平らな線との組み合わせで右肩下がりの線が残る
2つの損益曲線を足し合わせると
原資産の空売り

ほかにも、オプションを使って次のようないろいろな損益曲線を持つものを合成することができます。どうすればこうなるのか、ぜひ一度考えてみてください（答えは168ページにあります）。

○組合せオプションの例○

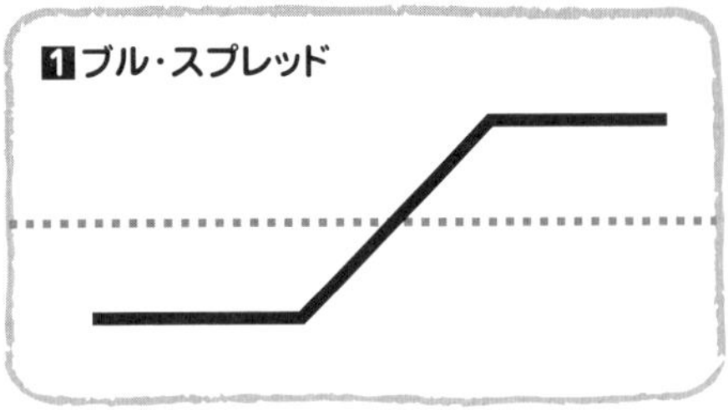
1 ブル・スプレッド

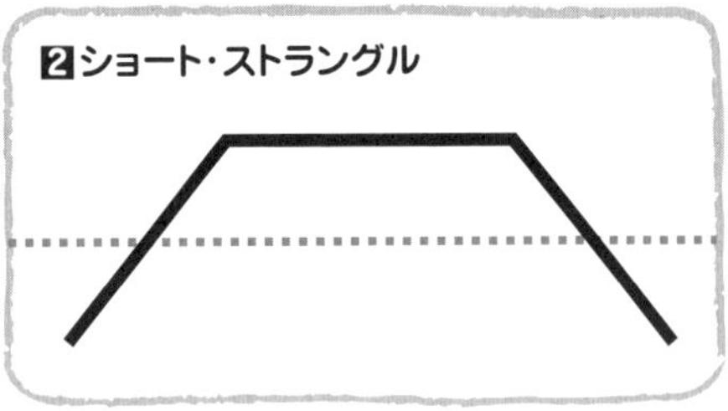
2 ショート・ストラングル

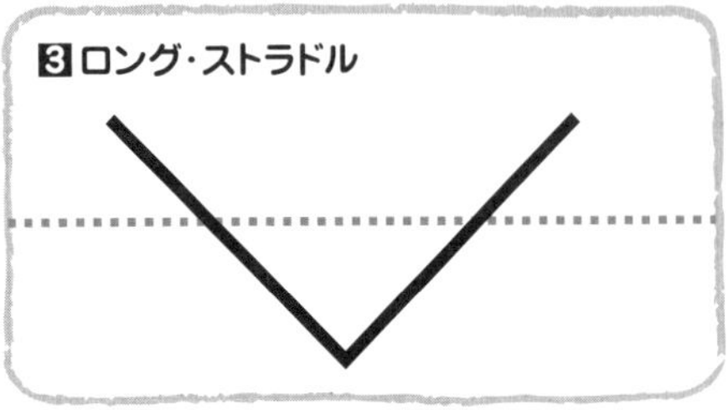
3 ロング・ストラドル

オプションの基本形態は？

➲オプションには、「買う権利」であるコールと、「売る権利」であるプットがあり、それぞれを買う場合と売る場合があるので、全部で４パターンの基本取引形態がある。

それぞれの特徴は？

➲「コールの買い」は、対象となる資産が基本的には大きく値上がりすると思っているが、逆に大きく値下がりする可能性もあると思っている人向きである。

➲「コールの売り」は、対象となる資産が大きく値上がりするとは思っておらず、どちらかといえば少しだけ値下がりすると思っている人向きである。

➲「プットの買い」は、対象となる資産が基本的には大きく値下がりすると思っているが、逆に大きく値上がりする可能性もあると思っている人向きである。

➲「プットの売り」は、対象となる資産が大きく値下がりするとは思っておらず、どちらかといえば少しだけ値上がりすると思っている人向きである。

コールとプットの関係は？

➲コールとプットは、「プット・コール・パリティ」と呼ばれる密接な関係を持っており、コール⇔プットを変換したり、コール＋プットで原資産を再現したりすることができる。

166ページの答え

1ブル・スプレッド

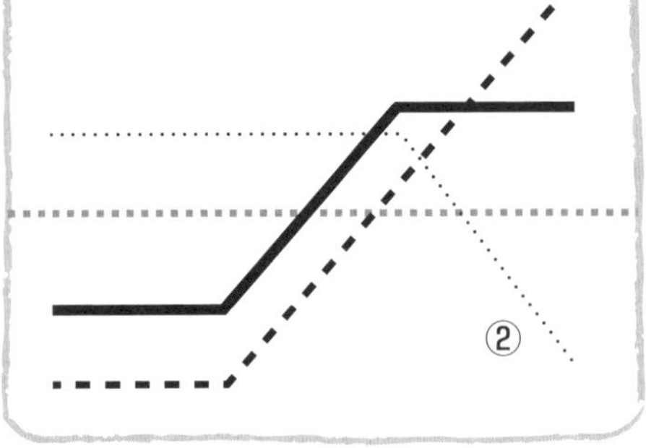

行使価格の低いコールオプションの買い（①）と行使価格の高いコールオプションの売り（②）を組み合わせると、ブル・スプレッドができます。

ちなみにブル（雄牛）は相場に対して強気の意味で、ここでは相場が上昇すると利益が出る仕組みになっていることからブルという言葉が使われています。反対語はベア（熊）です。

なお、ブル・スプレッドは、プットを使っても同様に作ることができます。

2ショート・ストラングル

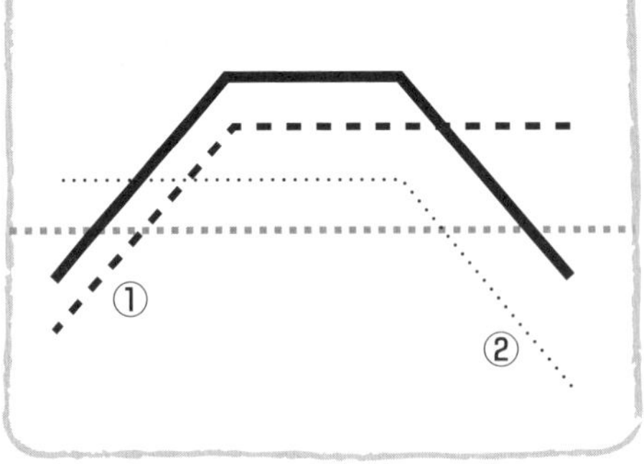

行使価格の低いプットオプションの売り（①）と行使価格の高いコールオプションの売り（②）を組み合わせると、ショート・ストラングルができます。

「ストラングル」は、上の「スプレッド」や下の「ストラドル」と同じく組み合わせオプションの種類を指しますが、その前の「ショート」は「売り」の意味で、オプションの売りを組み合わせていることを示しています。

オプションの買いを組み合わせてこのグラフの上下逆になったものを作ることもでき、ロング（買いの意味）・ストラングルといいます。

3ロング・ストラドル

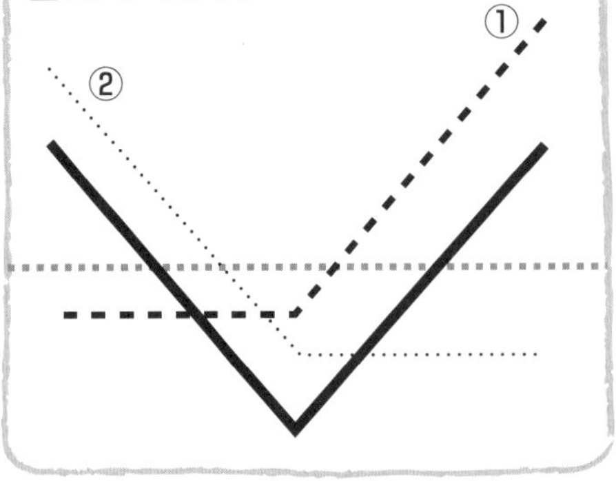

行使価格が等しいコールオプションの買い（①）とプットオプションの買い（②）を組み合わせると、V字型のロング・ストラドルができます。

オプションの売りを組み合わせれば逆V字型となり、ショート・ストラドルとなります。

補講9

オプションプレミアムの計算をしてみよう

意外と簡単な「ブラック=ショールズ・モデル」の考え方

ブラック=ショールズ・モデルは、非常に難解な高等数学から導き出されています。しかし、考え方そのものはそれほど難解なものではありませんし、最終的な計算式も比較的シンプルです。

まず復習になりますが、何を計算する計算式なのかというイメージをつかむことが大切です。

マンガの説明を思い起こしてください。オプションプレミアムの計算では、オプションの期日にもとの資産の価格が何%の確率で何円になっているかを想定することで計算できたのでしたね。

ブラック=ショールズ・モデルでは、正規分布（※）という仮定がおかれているので、X円になる可能性がY%という関係が、次ページ図左上の釣鐘状グラフで表されます。

※ブラック=ショールズ・モデルで仮定されているのは、厳密には、対数正規分布と呼ばれるものです。これは、本書での説明が「1円上がるか1円下がるか」というように上げ幅と下げ幅を同じものとして考えているのに対し、「1%上がるか1%下がるか」という具合に上げ率と下げ率を同じものとして考えると対数正規分布となります。基本的な考え方自体は同じですので、本書ではあくまでも正規分布ということで説明します。

○ブラック=ショールズ・モデルのイメージ○

コール・オプションの場合

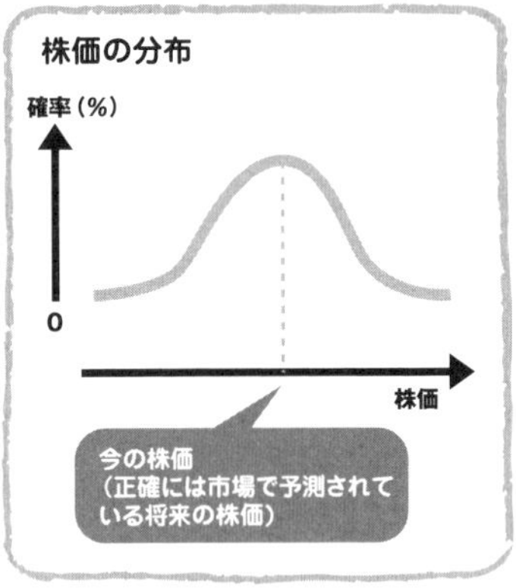
株価の分布
確率(%)
0
株価
今の株価
(正確には市場で予測されている将来の株価)

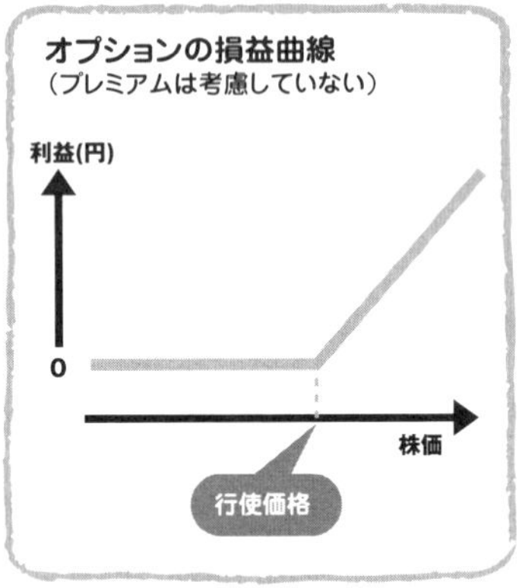
オプションの損益曲線
(プレミアムは考慮していない)
利益(円)
0
株価
行使価格

オプションプレミアムは、オプションの損益(利益は増えるが、損失は増えない)と、それが実現する可能性を掛け合わせたものなので…

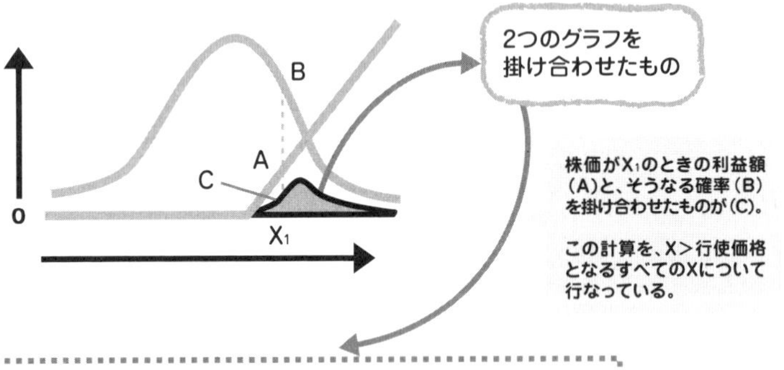
B
A
C
0
X1
2つのグラフを掛け合わせたもの
株価がX1のときの利益額(A)と、そうなる確率(B)を掛け合わせたものが(C)。
この計算を、X>行使価格となるすべてのXについて行なっている。

この部分の面積(2つのグラフを掛け合わせたものの合計)を計算できればオプションプレミアム(有利さの対価)が計算できる

↓

この面積を計算する計算式が、
ブラック=ショールズ・モデル

コール・オプションでは、このX円が行使価格を上回って初めて権利が行使されます。つまり、

X＜行使価格……権利を行使しても損するだけなので、権利は行使されず、したがってコール・オプションは無価値

X＞行使価格……権利を行使することによって、〔X－行使価格〕の利益を得ることができる

となります。この関係を表したものが、前ページ図右上の損益曲線です。

ちなみにこの損益曲線は、オプションを行使することによる利益を表していますから、プレミアムを考慮する前の損益曲線となっています。

さて、X＞行使価格であるすべてのXについて、〔X－行使価格〕（利益額）にY％（その利益が発生する確率）を掛け合わせて足し上げれば、このオプションから得られる利益の期待値が計算できます。つまり、前ページ図左上の確率分布のグラフと、同じく右上の損益曲線のグラフを掛け合わせて、それを総合計すればオプションの利益の期待値が計算できるわけです。前ページ図下のグラフの塗りつぶされた部分が、それです。オプションプレミアムとは、この利益の期待値の現在価値に他なりません。つまり、この塗りつぶされた部分の面積を求め、その現在価値を算出するのがブラック=ショールズ・モデルなのです。

少しまわりくどく感じたかもしれませんが、これはマンガで菜々子さんに説明した単純なプレミアム計算方法（→132〜141ページを参照）を非常に細かくやっているだけにすぎません。マンガで説明

していたことがわかれば、ブラック=ショールズ・モデルの原理も理解できるはずです。

ブラック=ショールズ・モデルを実際に使ってみる

次に、実際のブラック=ショールズ・モデルをちょっと覗いてみましょう。

“モデル”というと、延々とコンピュータ・プログラムに書き込まれた複雑難解なものというイメージを抱くかもしれません。実際にそのようなモデルも存在はしていますが、ブラック=ショールズ・モデルに関しては、比較的短い計算式にしかすぎません。

この計算式は、手計算で計算するのはかなりしんどいのですが、パソコンさえあれば誰でも簡単に計算できてしまいます。デリバティブの急速な普及がパソコンの普及期や高度化の時期と重なっていることは決して偶然ではありません。

高度なパソコンの登場によって、一見複雑な計算が誰にでもできるようになったからこそ、デリバティブもまた急拡大したのです。その意味では、デリバティブの発展を促したのは、ノーベル賞級の物理学者というよりも、パソコンを使える一般人だったといえるかもしれません。

さて、ここからは次ページの数値をもとに、できればパソコンのエクセルを開いて読み進めてください。まず、オプション・プレミアムを計算するには、以下の数値が必要になります（ここでは株を例にとります）。

現在の株価：❶
権利を行使したときにその株を買える、または売れる値段〔行使価格〕：❷

オプションの期日までの期間：❸…年数で入力します

期日までの金利：❹…%で表します

ボラティリティ：❺…１年間の株価変動の標準偏差で、%で表します

配当利回り：❻…１株あたりの年間配当金額÷株価で、%で表します

この６つの数値があれば、セル１つでも計算はできますが、間違いが起こりにくいように段階的に計算することにしましょう。まず、以下２つの数値を計算します。

❼=(LN(❶/❷)+(❹-❻)*❸)/(❺*SQRT(❸))+❺*SQRT(❸)/2

❽＝❼－❺*SQRT（❸）

さて、それではいよいよブラック=ショールズ・モデルの登場です。

コール=（❶*EXP（(❹-❻）*❸）*NORMSDIST（❼）
-❷*NORMSDIST（❽)）*EXP（-❹*❸）

プット=（-❶*EXP（(❹-❻）*❸）*NORMSDIST（-❼）
+❷*NORMSDIST（-❽)）*EXP（-❹*❸）

ためしに数値を入れてみましょう。

❶100

❷99.104……ちょっと半端な数字ですが試しに入れてみてください。

❸１

❹0.1%（0.001）

❺20%（0.2）……一般に、株ならば15～30%程度、為替ならば10～15%程度、債券ならば１～５%程度となります。

❻１%（0.01）……日本株の配当率は平均するとこのくらいです。

為替ならば相手通貨（ドル円ならばドル）の金利、債券ならば債券利率（クーポン）を入れれば、そのまま為替オプション、債券オプションの計算ができます。

○ブラック＝ショールズ・モデルの具体例○

	A	B	C
1	❶	株価	100円
2	❷	行使価格	99.104円
3	❸	期間	1年
4	❹	金利	0.10%
5	❺	ボラティリティ	20%
6	❻	配当利回り	1%
7	❼		0.100
8	❽		-0.100

❽ ＝C7-C5＊SQRT（C3）

❼ ＝（LN（C1/C2）＋（C4-C6）＊C3）/（C5＊SQRT（C3））＋C5＊SQRT（C3）/2

オプションプレミアム

	コール	7.886
	プット	7.886

コール ＝（C1＊EXP（（C4-C6）＊C3）＊NORMSDIST（C7）-C2＊NORMSDIST（C8））＊EXP（-C4＊C3）

プット ＝（-C1＊EXP（（C4-C6）＊C3）＊NORMSDIST（-C7）+C2＊NORMSDIST（-C8））＊EXP（-C4＊C3）

※❼、❽、「コール」、「プット」は小数点第 4 位を四捨五入し、小数点第 3 位で表示した数値です。
※LN、SQRT、NORMSDIST、EXPはエクセルの関数（エクセルに登録されている計算式）です。

この数値で計算すると、コールプレミアムもプットプレミアムも7.886とほぼ同じ数字になっているはずです。これがこの株１株あたりのオプションの価格ということになります。

オプションとはどんなものかを体感していただくために、いくつかの数字をいろいろと入れ替えてみてください。以下のような特徴が確認できると思います。

⑴期間が長くなればなるほどプレミアムは高くなる。

⑵ボラティリティが高くなればなるほどプレミアムは高くなる。

⑶行使価格を高くするとコールは安く、プットは高くなる。逆に、行使価格を低くするとコールは高く、プットは安くなる。

⑷現在の株価が高くなるとコールは高く、プットは安くなる。逆に、現在の株価が低くなるとコールは安く、プットは高くなる。

さて、ブラック＝ショールズ・モデルを自分で導き出すことができなくても、少し慣れさえすれば誰にでも簡単に計算できるものだということはおわかりいただけたと思います。

ただこれだけの式が、ノーベル賞を受賞し、金融技術革命を巻き起こす原動力の１つとなったのです。それは、高度で難解だからではなく、むしろ、パソコンさえあれば誰でも計算できるものだったからです。

オプションは難しいと尻込みをするのではなく、実はその気になりさえすれば簡単に計算できてしまうものなのだということを是非理解してください。

万能というわけでもないブラック＝ショールズ・モデル

オプションの価格、すなわちオプションプレミアムを算出する計算方法（モデル）には、実にさまざまなものがあり、このモデルの違いによって導き出されるオプションプレミアムも少しずつ違ってきます。

ブラック＝ショールズ・モデルはそうしたオプション・モデルのなかでも最も古く、かつシンプルな形態のものです。

ブラック＝ショールズ・モデルは、いくつかの欠点を指摘されています。特に複雑なオプションや期間の長いものなどでは正確性に欠けるともいわれますし、いくつかのタイプのオプションプレミアムは計算ができません。つまり、万能モデルではないということです。

しかし、だからといってブラック＝ショールズ・モデルの重要性が低下するわけではありません。

今でも、期間の短いシンプルなオプションの計算ではブラック＝ショールズ・モデルがよく使われていますし、特に複雑なオプションを扱う専門業者以外であれば、それで十分だといえます。

ブラック=ショールズ・モデルに関するまとめ

- ブラック=ショールズ・モデルは、オプションがどのくらいの利益をもたらすものであるかという期待値、すなわちオプションプレミアムを計算する計算式である。
- 高度な数学が使われているが、パソコンで簡単に計算することができ、それが普及につながった。

補講10

オプションに関する補足をします

“エキゾチック”なオプションって何？

オプションには、マンガで説明した基本的なもの以外にも実にさまざまな種類のものがあります。専門家でもなかなか全貌をつかみきれないほどにたくさんの種類があるのです。ノックイン、ノックアウト、デジタル、アジアン、バーミューダ、ヒマラヤン、エベレスト……等々、みな特殊なタイプのオプションにつけられた名前です。ちなみに、基本的なオプション、これをやはりプレーン・バニラといいますが、プレーン・バニラ以外の特殊なオプションを総称して**エキゾチック・オプション**といいます。

こうした種類のものを覚える必要はまったくありません。ただ、世の中にはエキゾチックと呼ばれる変り種のオプションがたくさん存在しているということを知っているだけでいいのです。

大切なのは、オプションの種類を覚えることではなくて、どんなにヘンテコリンなものでも、あるいは一見どんなに都合がよくできているように見えるものでも、金融工学によっていくらでも作り出せてしまうということです。将来の価格が○○円になる確率が△%……ということが見積もれるのであれば、どんな複雑なオプションでもプレミアムの計算が可能です。

さらに重要なのは、「市場で取引されるものには明らかな有利不利は発生しない」という大原則です。買い手にとって明らかに有利で都合のいいオプションをいくらでも作り出せるとしても、そうしたオプションはそれだけプレミアムも高くなります。また、売り手にとって高い値段で売れるオプションは、たとえ見た目にはリスクが小さいように見えたとしても、その高いプレミアムに見合ったリスクが含まれているはずです。

オプション組込型商品の大原則

オプションを売ることによってプレミアムを得て、見かけ上の収益を大きくするということは、身近な金融商品でもよく行なわれています。たとえば、預金や債券、あるいは投信などでデリバティブを組み込んだ高利回り商品が数多く商品化されています。その多くがオプションの売りを組み込むことによってプレミアムを得て、それによって表面上の利回りを引き上げているものなのです。

今の環境では、通常の預金や短期の債券には、ほとんど利息はつきませんが、何らかのオプションを売ることでプレミアムを得ることができるので、見かけ上の利息収入が増えます。ある一定の条件を満たした場合（たとえば、１年後の日経平均株価が××円以上だった場合など）に３％の金利を上乗せするというような商品設計が可能なのです。

しかし、オプションを売るということは「義務を負う」もしくは、「損失の可能性がある」ということでしたね。つまり、リスクと裏腹なわけです。そして、見かけ上の利回りが高い商品はそれだけ大きなリスクを抱えていることになります。

つまり、高利回りとなる一定の条件が満たされなかったときには、元本が減ってしまうなどの何らかの損失を被ってしまうことになるということです。見かけ上の利回りが高ければ高いほど、損失を被るリスクはより大きくなります。

○オプション組込型商品のイメージ○

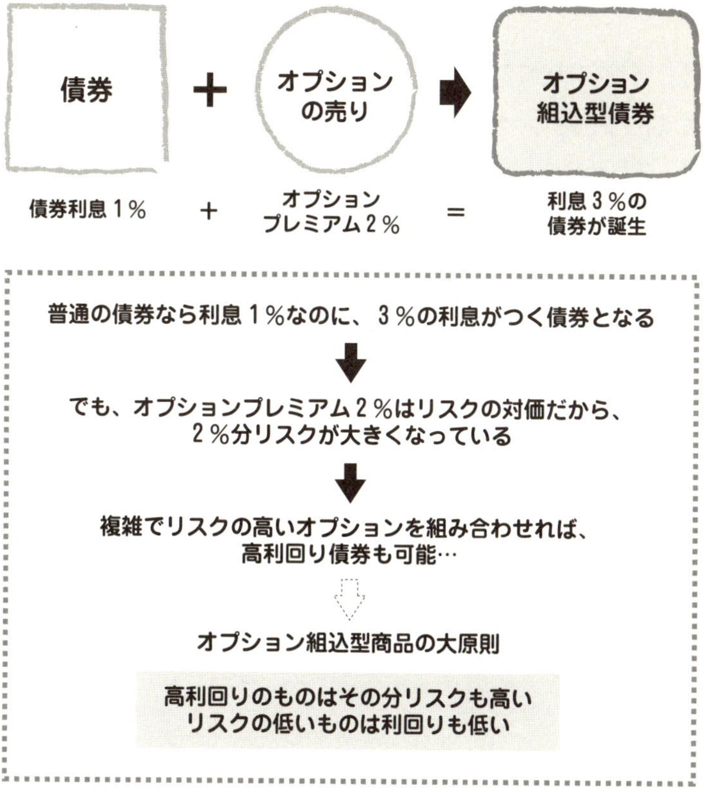
債券
オプションの売り
オプション組込型債券
債券利息１％
＋
オプションプレミアム２％
＝
利息３％の債券が誕生
普通の債券なら利息１％なのに、３％の利息がつく債券となる
でも、オプションプレミアム２％はリスクの対価だから、２％分リスクが大きくなっている
複雑でリスクの高いオプションを組み合わせれば、高利回り債券も可能…
オプション組込型商品の大原則
高利回りのものはその分リスクも高い
リスクの低いものは利回りも低い

この原理だけは、どんなに複雑で高度な商品であろうと変わりません。金融工学では、金融商品の価格はリスクの大きさによって決定されます。「リスクは小さいのだが、特別な技術によって大きなプレミアムが得られる」ということは、金融工学の世界ではありえないことなのです。

有利で都合のいいものは値段が高く、一見利回りが高いように見えるものはリスクが大きい、という基本的関係を理解することは、いろいろな種類の商品の名前を覚えるよりもはるかに重要です。

エキゾチック・オプションって？

➲エキゾチック・オプションとは、プレーン・バニラ以外の特殊なオプションの総称である。ただし、どんなに特殊で複雑な商品でも、買い手にとって都合のいいオプションはプレミアムが高く、売り手にとって高く売れるオプションはリスクが大きいという関係は変わらない。

第4章

菜々子、リスク管理全般について学ぶ

デリバティブのリスクって？

今日は「**デリバティブ**」のリスクの話から始めます…
ウフフ
優くん、女の子の部屋に来て緊張しちゃってるの～？
カワイー
そっ、そんなんじゃないですよ!!
とにかく始めますよ!!
はいはーい
こないだＴＶで「○×社がデリバティブで巨額損失」っていってたよ
そもそもデリバティブってどういう意味なの?
○×社がデリバティブにより巨額損失を…
ほほう…

最初の頃に話した「スワップ取引」や
こないだ話した「オプション取引」を
総称してデリバティブといいます
日本語にすると
派生商品（取引）となります
熱
冷
スワップ取引
オプション取引
買う権利
派生？
ますますわかりにくい
金融商品のリスクだけを
取り出して取引する手法のことを
「デリバティブ」って呼びます
もとの金融商品そのもの
ではなくて、そこから派生した
リスクだけを取引するので
派生商品（取引）なんです
リスク
金融
へぇ～

デリバティブには大きく分けて
2つの使用法があります。
リスクを回避する
「**リスク・ヘッジ**」と、
リスクを負って
利益を追求する
「**リスク・テイク**」です
リスク・ヘッジ
リスク
リスク
リスク・テイク
なるほど…
たとえば最初に話した
気温スワップ取引は
リスク・ヘッジで、
熱
○○社の株の
オプションを買う話では
リスクが限定的だとはいえ、
コールオプション
買う権利
株式を一部保有しているのと
似た効果があるので
リスク・テイクと考えられます
でもデリバティブってどうも
危険な感じがする～…
だって大企業が傾いちゃうくらい
損失が出ちゃうんでしょ～？
デリバティブ

デリバティブは
道具にすぎません
それ自体が危険なわけでは
ないのです。
要は使い方次第なのですよ
そういうものなのか…
たとえば今100万円持っていて
全額○○社の株を
買うとしましょう
○○社
株券
100万
うんうん
１株100円だとすると
普通に買ったら１万株の
投資ということになります
1万株
(100万円分)
そうなるね
もし株価が50%上がったら
50円×１万株で50万円
儲けられます
おぉ～!!

株価が下落すると損失が
発生するリスクがありますが、
投資資金が全額なくなって
しまう危険は限られてます
○○社が破綻でもしない
限り株価がゼロに
なることはないもんね
はたん
○○社
それでは、同じ100円で
株を買う権利＝
「コール・オプション」
を買った場合はどうでしょう
買う権利
うん
オプション取引の場合は
プレミアムを払うことで
株を売買する権利を
持てるんだったね…
そうです
プレミアムが１株あたり
10円だったとすると、
100万円÷10円で
10万株相当のオプションを
買うことができます
100万
フムフム
オプション
10万

先ほどと同様に株価が
50%上がったら50円×10万株で
500万円となり、
400万
プレミアムとして払った
100万円を差し引いても
400万円儲けられることになります
普通に買った場合よりも
何倍も儲かるんだね！！
うわーーーっ
ですが、
たとえ○○社が破綻しなくても
株価が上がらないだけで
オプションから利益は発生せず、
株価
プレミアム分の100万円を
丸々損してしまいます
うへぇ〜…
しかもそうなる確率が
約50%もあります
これはかなり危険性の
高い賭けだね…

つまり同じ株数であれば
オプションを買った場合の
リスクは普通の投資より
小さくなるのですが、
普通
オプション
同じ金額を投資しようとすると
普通の投資よりもリスクは
大きくなるのです
普通
オプション
なるほどね～
やっとしくみが
わかってきたよ
普通
オプション
逆にいえばオプション取引は
少ない投資額でも、
1万円
大きな利益が得られる
可能性があるということです
どっ
リスクを負う
かわりにね…
うーん…

このような手法を、小さな力で大きなものを動かすことにたとえ
「レバレッジ（てこ）を掛ける」と表現します
へぇ～
「デリバティブで巨額損失」が発生するのはほとんどの場合、
こうした「レバレッジを掛けている」ときなのです
やっぱり大きな利益を狙おうと思ったらそれなりの危険性が伴うのね…
「デリバティブが危険」なのではなく、
「使い方が大切」だという意味がわかりましたか？
うんうん

ちょうど薬みたいなものね!!薬も決められたとおり使えば病気を治してくれるけど、
一歩誤った使い方をしたら副作用とか危ないものね
そういうことです
デリバティブも危険性を認識し、正しい使い方ができればとても便利なものなんですよ

リスク管理の重要性

金融工学にはデリバティブのほかにもう1つ大きな柱があってそれが「**リスク管理**」です
リスクを管理するってことね
リスク管理
デリバティブ

はい
今一体どれだけのリスクを抱えているのか、デリバティブを使うことによってリスクはどれだけ減るのか、
あるいは増えるのかをきちんと把握するということです

リスクが限界を超えないように
できれば、
「巨額損失で経営破綻」
なんてことにはならないで
すむもんね…
ああああ

「巨額損失」を生み出すのも
それを回避するのも、
金融工学への理解と
使い方次第ということなのです

それで具体的には
リスクの大きさって
どうやって測るの？

リスクが測れるバリュー・アット・リスク（VaR）

まずは○○社の株式を
普通に1株100円で1万株、
計100万円購入したときの
リスクの大きさを考えて
みましょう
1万株
うんうん

投資した株の価格がランダムウォークすると考えて
株価は正規分布の形になるのでしたね
そうだったね

そしてグラフの広がり具合、つまりボラティリティを特定すればよかったのですね

ボラティリティは過去の値を参考に将来を見込んで市場取引の中で自然に決まっていくんだったね…
そのとおり!!

詳しい話は省きますが正規分布ではいちいち計算しなくても
株価が○○円以下になる確率などがわかっちゃうのです
ポイ
へぇ～!!
そんな便利なものだったんだね

たとえば
平均から標準偏差（ボラティリティ）を
引いた値以下になる確率は、
どんな場合でも15.9%以下と
決まっているんですよ

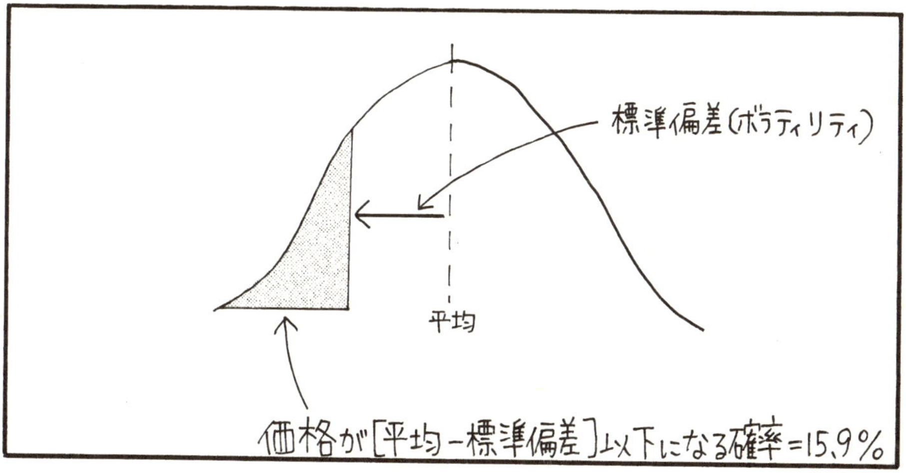
標準偏差（ボラティリティ）
平均
価格が［平均－標準偏差］以下になる確率＝15.9％

ものすごく大雑把にいうと
正規分布ではこうした面積、
つまり確率が簡単に
わかっちゃうんです。
ココ。
おもしろいね～

1年後の株式が
正規分布になっているとして、
わかりやすいように
標準偏差（ボラティリティ）が
10%だとしましょう
10%
10%
うんうん
100円の株価が1年後に
10%以上下落し
90円以下になっている確率は
さっき話したとおり15.9%です
10%
90円
100万円投資して
10万円以上損する可能性が
15.9%あるってわけね…
ウムム
同じように標準偏差の
2倍以上の損失が出る確率は2.3%
3倍以上は0.1%という
こともわかるのです
80円以下の確率
→2、3%
70円以下の確率
→0、1%
10%
10%
10%
70円
80円
90円
100円

やっぱり大損する可能性はそれなりに低いのだね
キ
へらっ
もちろんどんなに可能性が低くても100万円がゼロになってしまう可能性だってゼロ%ではありません…
そうだね…
しかし、そんなあいまいないい方では実務的なリスク管理とはいえません
そこでよく使われるのがボラティリティを2.33倍した値です
ボラティリティ × 2、33
ずいぶん中途半端な数だね

正規分布では平均から
標準偏差×2.33を
引いた値以下になる確率が
ちょうど１％なんです
確率のほうに合わせたのか。
100万円投資して、
ボラティリティが10%だと
すると23万３千円以上
損する可能性は１％なのね
1%
(100万円の10%)×2,33=23万3千円
いいかえれば
「99%の確率でボラティリティ×2.33
以上の損失は発生しない」と
いえるわけです
99%
ふむふむ
つまりそれがこの
株式投資のリスクといえます
標準偏差
×
2,33
॥
リスク
それを１つの目安にすると
いうわけね

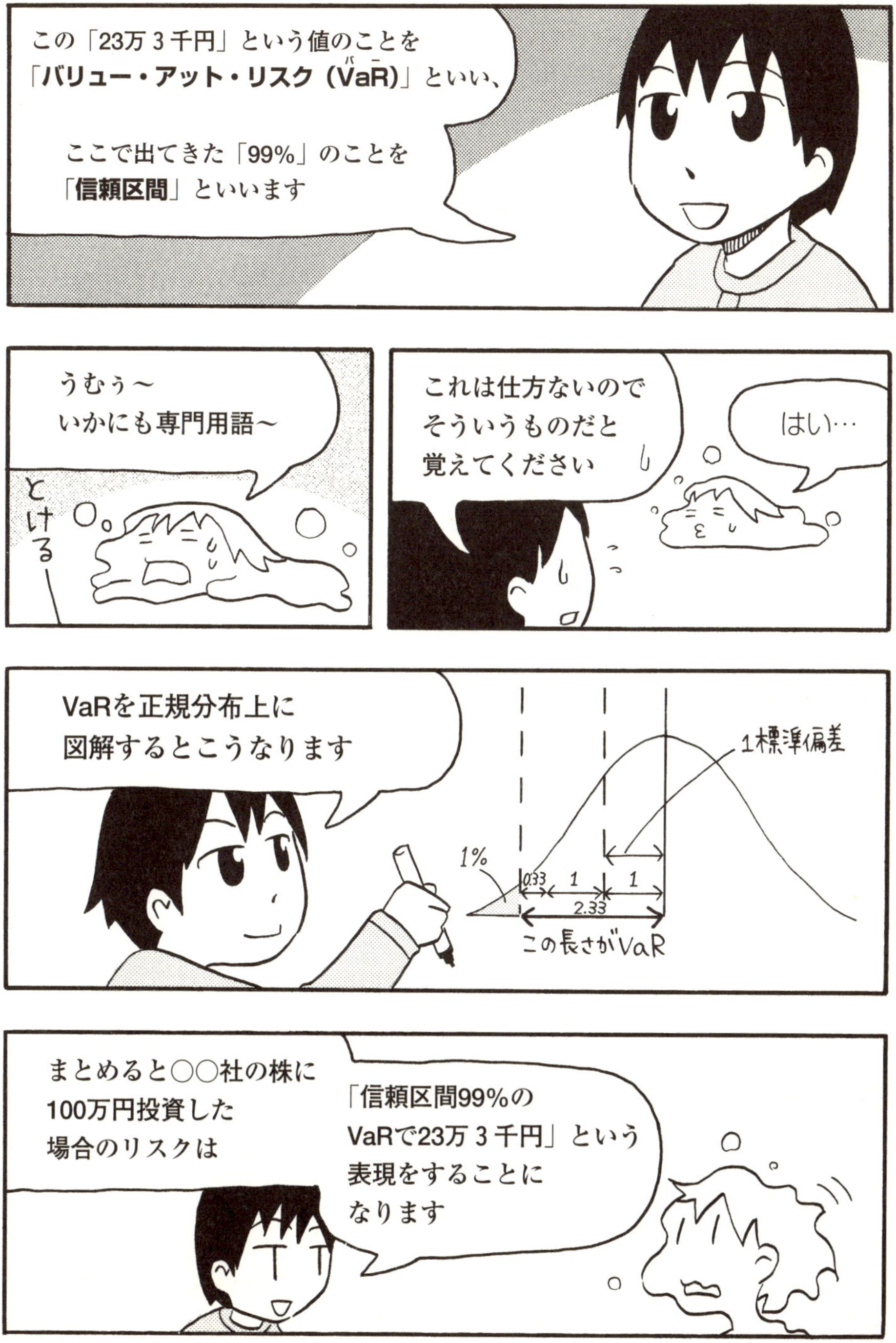
この「23万３千円」という値のことを
「**バリュー・アット・リスク（VaR《バー》）**」といい、
ここで出てきた「99%」のことを
「**信頼区間**」といいます
うむぅ～
いかにも専門用語～
とける
これは仕方ないので
そういうものだと
覚えてください
はい…
VaRを正規分布上に
図解するとこうなります
1標準偏差
1%
0.33
1
1
2.33
この長さがVaR
まとめると○○社の株に
100万円投資した
場合のリスクは
「信頼区間99%の
VaRで23万３千円」という
表現をすることに
なります

オプションのリスクを考えてみよう

それでは
オプションを買った
場合のリスクを
考えてみましょう
はーい
○○社の株１万株を
１年後に100円で買える
コール・オプションを
買ったとします
オプション
オプション・プレミアムは？
これも単純に１株あたり
10円とします
つまりオプションを購入
するのに10万円投資
しました
10万円
オプションで取引しているん
だから株価がいくら下落しても
損するのはこの10万円分
だけだってことだよね？
そうです

じゃあこのオプションのVaRは10万円ってこと？
うーん
ですから、標準偏差の2.33倍、すなわち23.3%株価が下落した場合の損失額も10万円のままです
そうだね
ナナコさんスゴイ!!
そのとおり!!
普通の株の場合、信頼区間を高めるとVaRは大きくなりますし
VaR以上の損失が発生する確率もゼロではありません
そうした意味でVaRは厳密に最大損失額を示すわけではありませんが
オプション取引の場合はプレミアム以上の損失は発生しませんので、
VaR（＝10万円）がそのまま最大損失額を意味することになります
オプションの買いプレミアムの額
＝
最大損失額
すごいかなー
アハハ

リスク管理のリスクも考える

それでは…
最後に「リスク管理」のリスクについて考えてみましょう
ついに最後ですか…よくがんばった自分
おぉ。
オプションを買う場合はVaR以上の損失は発生しませんが
普通に株を買うとVaR以上の損失が発生する可能性があるといいました
う、うん
さらに、株価の変動が正規分布に従うという仮定のもとにVaRを求めたわけですが、
現実の株価変動は正規分布の仮定に比べて
極端な変動が起こりやすいということが指摘されているんですよ
トヨダ 6,400 +200
ナナコ 500 -100
カワカミ 1,000 -200
ヨシダ 2,000 -300
イイヅカ 1,000 +100
ポンダ 5,000 +250
ユウ 1,200 +100
ヤマダ 800 +50
イイヤマ 3,000 +100
ヒヤマ 5,000 +500
タナカ 1,500 +100
トダ 700 -100
○×証券
そうだったんだ

現実の株価変動は正規分布よりも
裾が広がった形になっていて、

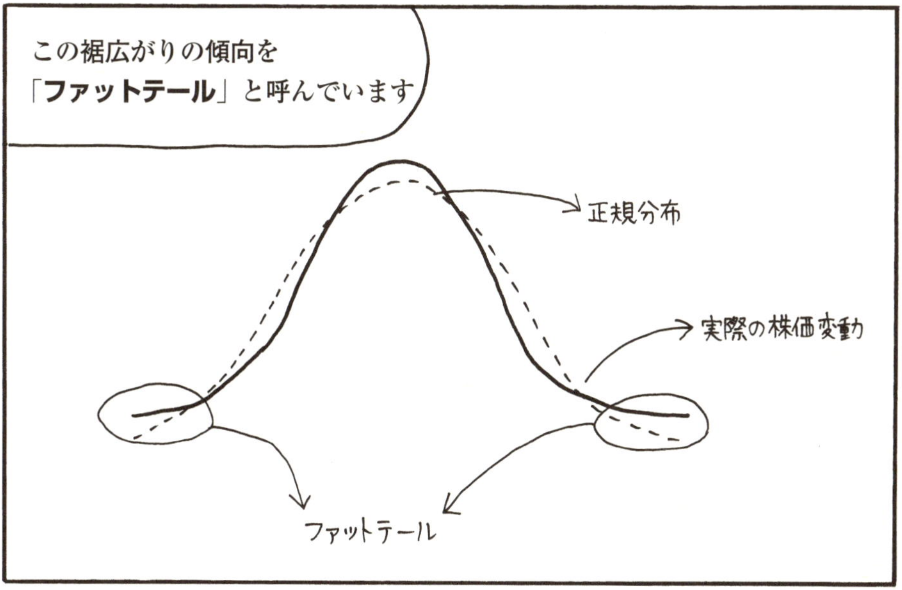
この裾広がりの傾向を
「**ファットテール**」と呼んでいます
正規分布
実際の株価変動
ファットテール

「ファットテール」って
「太い尻尾」って意味？

へえ〜
直訳すればそうなりますが
「分厚い裾」って意味
なんですよ
現実的にはこの
ファットテールのために
単純な正規分布で
想定されるよりも損失額が
大きくなる傾向が
あります
あらら…
やっぱり卓上の計算
だけじゃダメなんだね
そうということです!!
リスク管理は絶対的な
ものではないと
考えておかないと、
思わぬ危険を招いて
しまうかもしれません
気をつけて!!
計算を盲信しないで
気をつけなくちゃ
いけないんだねー

その一方でリスク管理は
日進月歩で進化を遂げ
こうしたさまざまな問題に
対応する新技術も
次々と開発されています
おぉ～!!
金融工学は完成品でなく
常に進歩しているものなのです
そして金融工学の進歩にあわせて
金融ビジネスの世界でも
革新的な商品やビジネスが
生まれてきています
そんな金融工学の基本は
優くんから聞いた話の中に
詰まっていたんだね
はい!!
菜々子さん
よく頑張りました!!
ヤッター

優くんこそありがとう!!
これで自信を持って銀行に
就職することができるよ!!
イエイ
それならよかったです
そうだ!!
はじめに話したこと覚えてる？
私が株取引のための口座を開いて
優くんが株を売買して
くれるっていう…
はい
でも、それ
本当はダメな行為
なんですよ
ええ――っ!?
じゃあ優くんはどうして
私の条件をのんで
くれたの…？
ドキリ

菜々子さんにも金融工学について知ってもらいたいっていうのと……
それに僕も菜々子さんに聞きたいことがあって…
ん？　何??
菜々子さん文学部ですよね…？
そうだけど？
そ、その…
あの…
モゴゴ
聞こえないよ〜〜〜
なあに？

あ、あの…
効果的なラブレターの
書き方ってありますでしょうか…？
ひそっ
ラブレタァ――！?
キャハハ
わっ
笑わないでくださいよ！！
ゴメンゴメン…
でも
優くん…
大切なのはテクニック
じゃなくて気持ちだよ

補講11

リスク管理と金融工学の関係って？

デリバティブと並ぶ金融工学の大きな柱が**リスク管理**です。第2章で説明したALM（資産負債総合管理）もリスク管理の一部です。リスク管理というのは「リスクを管理する」という一般的な言葉ですから、いろいろなケースで使われますし、その場に応じてさまざまな意味を持ちます。

ただ単にリスクがありそうなものを避けることをリスク管理という場合もあります。

しかし、ビジネスをやっていく上では、避けることができないリスクもあります。

【リスクの種類❶】信用リスク

金融機関などであれば、貸出先が倒産でもすれば貸したお金が返ってこなくなるというリスクがあります。

しかし、リスクがあるからといって貸出をしなかったり、あるいはリスクの小さい超優良企業にばかり貸出をしていては、十分な収益を上げることができず、ビジネスは成り立ちません。

したがって、貸出先が倒産するリスクがどのくらいあるのかということをきちんと把握し、そのリスクが顕在化してしまった場合の損失に備えながら貸出を伸ばしていく必要があります。こうした貸出先の倒産リスクの管理を、**信用リスク管理**といっています。

【リスクの種類❷】市場リスク

さらに、金利や株価、為替、あるいは原油などの市場価格の変動によって、損失が発生するリスクもあります。

金融機関であれば、取引先相手にさまざまな金融商品の売買やデリバティブ取引を行ないます。そうした中で、ある程度のリスクを抱えながらビジネスを行なっていくのが普通です。

たとえば、為替のディーラー（市場で売買する人）が顧客からドルを買う取引をしたとします。もしそのディーラーが、ドルが安くなると見込んでいるのであれば、顧客から買ったドルが目減りしてしまう前に別の取引相手を探してそのドルを売ってしまいます。でも、ディーラーが、ドルが高くなると見込んでいる場合は、反対売買を行なわずにそのままリスクを抱えることがあります。

その場合、ディーラーの予想通りにドルが高くなれば、顧客からの取引手数料に加えて、ドルが値上がりしたことによる値上がり益も得ることができるわけです。しかし、市場では予測のできない不測の事態が起こることもあります。ときには予測が外れて、損失となってしまうこともあるでしょう。

１つの金融機関の中には、為替ディーラーをはじめとしてさまざまな商品を扱うディーラーがいますので、それらすべての取引のリスクをきちんと管理していないと、市場価格の変動によって思わぬ巨額損失が発生してしまう可能性があるのです。

金融機関以外でも、こうした市場リスクはつきものです。たとえば輸出企業の場合、輸出品の代金はドルで入金されるケースが多いので、そのドルの価値が下がって円高になれば、円に換金したときの収入が目減りすることになります。

ちなみに１ドル=120円というような為替レートは、「円で表した

１ドルあたりの値段」です。したがって円の数字が大きくなればドル高で、円の立場でいえば円安になります。逆に円の数字が小さくなればドル安円高です。

つまり、円高という場合には「１ドル=120円→１ドル=100円」というように数字が下がることをいいます。この場合、同じ１ドルの輸出代金を円に交換すると、120円の収入のはずだったものが100円に目減りしてしまうことになります。

こうした市場価格の変動によって損失が発生するリスクのことを**市場リスク**といいます。

【リスクの種類❸】その他のリスク

リスクには他の種類のものもあります。たとえば、取引先や顧客に訴えられたり、役所から事業停止などの行政処分を受けたりするリスクがあります。これを**法務リスク**といいます。

こうした法務リスクを避けるために、事前に法令関係のチェックを十分に行なうこともリスク管理の一種です。この法務リスクには、仮に裁判で負けなくても、あるいは実際に行政処分までには至らなくても、世間的な評判が悪化して、その後の業務展開に支障が出るというようなリスク（これを**レピュテーション・リスク**といいます）が付随します。これらのリスクを管理することを、一般にコンプライアンスといっています。

また、事務ミスやシステム障害で損害が発生するリスク（これを**オペレーショナル・リスク**といいます）も最近特に注目を集めている分野です。

こうしたもろもろのリスクとリスク管理がある中で、金融工学が主に扱うのは、市場リスクです。市場リスクのリスク管理においては、金融工学抜きに考えることはできません。

また、信用リスクに関しても、従来は金融工学とは無縁の世界でしたが、近年、金融工学はこの分野でも大きな貢献を果たしつつあります。次は、この点について簡単に見てみましょう。

○リスクの種類とリスク管理の考え方○

代表的なリスク	リスク管理の基本的な考え方	金融工学の影響度
オペレーショナル・リスク	君子危うきに近寄らず	—
法務リスク	君子危うきに近寄らず（レピュテーション・リスク含む）	—
信用リスク	虎穴に入らずんば虎子を得ず（でもコントロールは不可欠）	大きな貢献を果たしつつある
市場リスク	虎穴に入らずんば虎子を得ず（でもコントロールは不可欠）	不可欠

虎穴に入らずんば虎子を得ず（リスクをとらなければ利益もない）、でもコントロールは不可欠
だからこそ、
金融工学によるリスク管理が必要！

信用リスク管理における金融工学の手法

従来の貸出業務では、貸してもいい優良企業か、貸してはいけない危ない企業かの２つに色分けをするというのが基本でした。つまり「貸出をするのはリスクの小さい優良企業である」という前提になっていたわけです。

しかし、優良企業はあまり銀行からお金を借りようとはしません。

そこで、貸出を伸ばすためには、優良企業とそうではない企業の線引きをゆるくして、今までは貸せなかったような企業にも貸せるようにする必要が出てきます。

その結果、貸出先が倒産するリスクは当然大きくなっているはずなのですが、「貸出をしている企業は優良企業」という前提があるかぎり、そのリスクは表面には出てきません。つまり、優良かそうでないかの線引き自体が甘くなっている場合、たとえ本当のリスクが大きくなっていても、「優良企業にしか貸し出していない」ということ自体は変わらないために、どのくらいリスクが大きくなっているのかが把握できないのです。

こうしたしくみ、金融工学的にいえば**「リスク管理手法の未整備」が、バブル期に不良債権が予想を超えて積みあがってしまった一因**だと考えられています。

これに対して、金融工学は、あくまでもその企業の倒産リスクの大きさを客観的に測定しようとします。たとえば、企業Aの倒産確率は○○%であるとか、貸出先全体の××%が倒産する可能性があるというように数字でリスクが表されるのです。

したがって、貸出基準をゆるめて貸出を増やせば、その分リスクが高まることが数字で示されるので、引当金を積んでそのリスクに備えることが必要だというようなことがわかるようになります。

また、リスク管理の高度化は、ビジネス機会の拡大も促します。

たとえば、リスクをきちんと測定することができれば、リスクの低い企業には低い金利で貸し出し、リスクの高い企業には高い金利で貸し出すということが可能になります。そうすると、企業を優良先かそうでない先かに二分する必要はなくなります。全体の信用リスクの水準を管理しながら、貸出先それぞれのリスクに見合った金利で貸出をすればいいということになるのです。

こうしたリスク管理手法の下では、有望な企業でありながら、従来の基準では貸出をすることができなかったというような企業との間でビジネスを行なうことも可能になります。

金融工学は、伝統的な貸出業務に関するリスク管理においても、このように大きな影響を与えつつあるのです。

リスク管理と金融工学の関係は？

➡さまざまなリスク管理の中で、金融工学が扱うのは、主に市場リスク管理である。ただし、信用リスク管理など、それ以外の分野でも金融工学の貢献は目覚しいものがある。

補講12

金融工学における リスク管理の考え方

「君子危うきに～」か？「虎穴に入らずんば～」か？

リスク管理に伴う大きな誤解は、「リスクとは危険なものなのだから、リスクがありそうなものはとにかく避けるのが一番」という考え方です。"君子危うきに近寄らず"といったところでしょう。なぜ、"君子危うきに近寄らず"が、大きな誤解なのでしょうか。

もちろん、法務リスクやオペレーショナル・リスクに関しては、できるだけリスクが小さくなるように管理をしていく必要があります（→210ページの表を参照）。

また、本業と関係のない分野で大きなリスクを抱えることも、できるだけ避けたほうがいいでしょう。たとえば本業は製造業なのに、非常にリスクの高い運用商品に手を出してしまうというようなケースです。

しかし、市場取引や貸出で利益を上げようとしている金融機関などの場合、重要な法則を思い起こす必要があります。

それは、「リスクとは損をするかもしれないが、利益になるかもしれないものでもある」ということです。いいかえれば、リスクを負わなければ利益も追求できません。

つまり、金融工学的な観点からいうと、リスク管理とは単に「リスクをなくすこと、もしくは抑えること」ではなくて、「**適正なリスクをとること**」という意味になるのです。

ですから、金融工学におけるリスク管理には、“虎穴に入らずんば虎子を得ず”という意味合いが含まれることになります。

適切なリスクとは

金融工学においては、リスクとは「損が出るかもしれないが、利益が出るかもしれない状態」ですから、リスクをまったくなくしてしまえば利益も消滅してしまいます。

かといって、利益を狙うあまり巨大なリスクを抱えてしまえば、予想に反した事態が生じたときに巨額損失が発生して、会社が傾いてしまうかもしれません。

そこで、「適正なリスクをとる」ことが必要になってくるわけです。それでは、どれくらいのリスクが「適正」なのでしょうか。

この「適正なリスク」とは、会社が目標とする利益を上げるために必要な水準だが、一方で、**予想に反して損失が発生したときにでも会社の屋台骨を揺るがせるほどにはならない**という水準のリスクを意味しています。

一般にこの「適正なリスク」を実現するためには、最大損失額の管理と、収益目標の設定という２本柱が必要です。

つまり、❶（予想が裏目に出たときの）最大損失額が一定範囲内に収まるようにリスクの上限を決めておき、❷そのリスクの上限の範囲内で、収益目標を追求するために必要なリスクをとっていく、ということで「適正なリスク」を実現しようとするわけです。

この決められたリスクの上限の範囲内に実際のリスクが収まっているかどうかをチェックするのが、リスク管理部署の主な仕事です。そして、リスク管理はあくまでも客観的なリスクの大きさを測定するのが目的ですから、リスク管理部署は、一般に、実際の業務からは独立した専門部署として位置づけられています。

「予想に反して大きな損失が出てしまった」ときへの備え

未来のことを正確に予見できるのは、神様か預言者だけです。どんなに優れた予想を立てたとしても、不測の事態が起こって予想が覆ってしまうという可能性は否定できません。

肝心な点は、予想が外れて損失が発生してしまったときのために備えをしておくということです。

今抱えているリスクから発生しうる最大損失額を計算し、それが実現してしまったときの備えをしておくことができれば、巨額損失が発生して屋台骨が揺らぐという事態を防ぐことができます。

通常、最大損失額への備えは、自己資本（株主の出資金や利益の蓄積など、返済の必要のないお金）の一部を割り当てるという形で行なわれます。この自己資本がなくなってしまうと、会社は実質的に破綻状態になります。逆に、自己資本が維持できていれば、会社は破綻を免れます。

だから、最悪の事態が生じて最大損失が実現してしまったとしても、自己資本の一定割合以下でその損失を吸収できれば、屋台骨が揺らぐという事態を防ぐことができるわけです。

ここで問題は、最大損失額をどのように測定するかです。

マンガで菜々子さんに説明していたバリュー・アット・リスク（VaR《バー》）が、この最大損失額の代用品として、一般に使われているものです。

ただし、これはあくまでも代用品であることに注意が必要です。

VaRは、「99％の確率で、最大損失額は○○円である」というときの○○円のことを指します。これは裏を返せば「1%の確率でVaR以上の損失が発生する」といっているわけですから、VaRが厳密な意味での最大損失額を表しているわけではないことは明らかです。

でも世の中何が起こるかはわかりませんから、「100%の確率で」という前提にしてしまうと、どんな金融商品でもVaRは非常に大きな値になってしまいます。

金融市場で最も安全といわれる国債でも、たとえば全面核戦争や巨大隕石の衝突があれば紙くずになってしまいますし、その可能性はきわめて小さいとはいえゼロではありませんから、結局、国債だろうが、リスクの高い株などの他の商品だろうが、最大損失額はつぎ込んだ投資金額そのものとなってしまいます。

これでは、国債と株のリスクの大きさの違いを表すことができず、実務的なリスク管理にはなりません。だから便宜的に99%というような信頼区間を設けているわけです。

VaRは絶対ではない

もう1つの問題が、マンガで最後に説明していたファットテールの問題です。

実際の市場は、正規分布で想定されるよりも、極端な値動きをすることがあるということです。

たとえばブラックマンデーと呼ばれる1987年10月に起こったアメリカの株価大暴落は、正規分布の仮定では、厳密にゼロではないにしても、ほぼ起こることはないとされる暴落でした。ブラックマンデーまでいかなくても、正規分布の仮定では数十年に一度しか起こらないとされているような価格変動が、それよりも高い頻度で発生したりしています。

現在では、こうしたファットテール構造も織り込んで、さらに精度の高いVaRを計算する手法などが開発されていますが、結局のところ、将来起こる事態の確率を完全に正確に測定することはできないといわざるをえません。

ですから、**VaRは完全なものではないと理解することが、「リスク管理のリスク」を考える上で最も重要なこと**だといえます。

VaRが絶対的なものではない以上、たとえば「VaRを自己資本と同じ水準に設定しているから、最大損失が発生しても会社はつぶれない」というようなことはいえません。VaR以上の損失が発生することはありえるからです。

だからこそ、VaRは自己資本の一定割合以下にとどめておく必要があるわけです。

何よりも自己資本は、継続してビジネスを行なうために必要なも

○VaRから見るリスクへの備え○

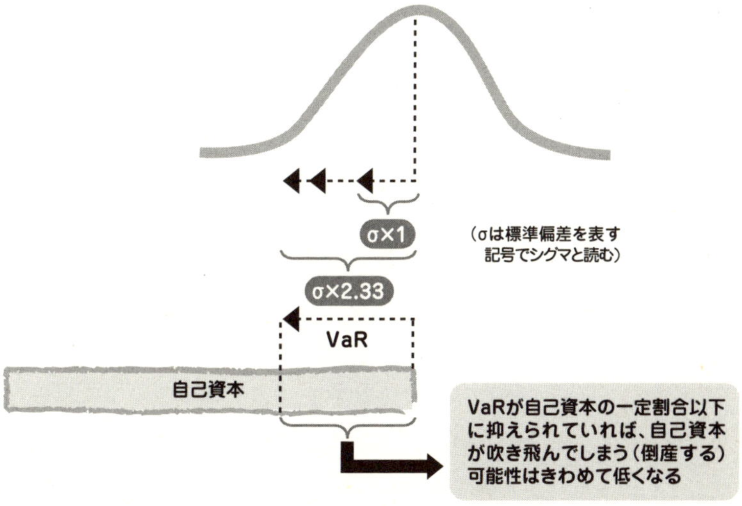
σ×1
(σは標準偏差を表す
記号でシグマと読む)
σ×2.33
VaR
自己資本
VaRが自己資本の一定割合以下
に抑えられていれば、自己資本
が吹き飛んでしまう(倒産する)
可能性はきわめて低くなる

のですから、一度最大損失が発生したらその大半が吹き飛んでしまうというようなものでは心もとありません。

VaRないし、VaR以上の損失が一度や二度発生しても、自己資本にはなお余裕があるという状態が望ましいのです。

リスクと時間（期間）の基本的な関係

最後に少しマンガでの解説のおさらいと補足をしましょう。

VaRは、正規分布を仮定すると、あとは分布の広がり具合、すなわちボラティリティの大きさで決まってくるのでしたね。

第３章の解説でも触れたとおり、一般的なボラティリティの水準は、株ならば15～30%程度、為替ならば10～15%程度、債券ならば１～５%程度となります。

これをVaRに直すためには、投資金額にこのボラティリティをかけ、さらに2.33倍するだけでＯＫです。

投資金額を100万円とすると、

株：34.95～69.9万円程度

為替：23.3～34.95万円程度

債券：2.33～11.65万円程度

という感じになります。ここまではマンガで説明したとおりです。

ここでちょっと細かい話をしますが、通常、ボラティリティは１年あたりの数値で表されています。上であげたボラティリティの数字はすべて１年あたりのもので、正確には年率○○%と表されます。ですから、この１年あたりのボラティリティに基づいて計算されたVaRもまた、年率の数値ということになります。

つまり、マンガで菜々子さんに説明したVaRの数字は、正確にいうと、「今のリスクを1年間抱えたときに、99%の確率で、23.3万円以上の損失は発生しない」という数字だということになります。

一方で、金融機関などでは実務上、VaRはもっと短い期間で計算されます。リスクのある取引を、普通は1年間もほったらかしにはしないためです。

一般的に、株や債券、為替など短期間で売買できるものは、VaRの期間も短く計算することができます。見込みが外れたときにすぐに処分することができるため、VaRを年率で計算する必要がないからです。

逆に、不動産や、株や債券でも巨額の残高があって簡単には売れない場合などでは、VaRの期間も長めに計算することが妥当です。

さて、VaRは、期間を短くすれば値も小さくなっていきます。

たとえば、1か月間の価格変動と1年間の価格変動を比べれば、

○期間の長さとVaR○

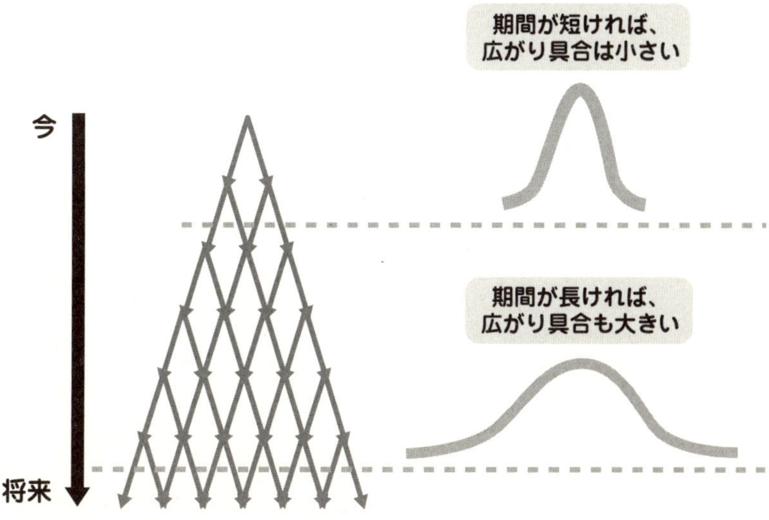
期間が短ければ、
広がり具合は小さい
今
期間が長ければ、
広がり具合も大きい
将来

前ページの図のように、１年間の価格変動のほうが幅は大きくなるはずですよね。つまり、１か月のボラティリティは、１年のボラティリティよりも小さくなるのです。

どのくらい小さな数値になるかというと、年率のボラティリティに$\sqrt{1/12}$をかけた数値が、１か月のボラティリティになります。２か月ならば〔年率のVaR×$\sqrt{2/12}$〕です。

リスク管理の考え方のまとめ

- 金融工学におけるリスク管理では、ただ単に「リスクを避ける」のではなく、「適正なリスクをとる」ことが重視される。
- 「適正なリスク」とは、たとえ予想に反して最悪の事態になったとしても、会社の屋台骨が揺るがないような水準のリスクのことである。
- 屋台骨が揺るがないようにするためには、VaRなどの「予想最大損失額」を、自己資本の一定割合以下に抑えることが必要である。
- しかし、VaRは正確な「最大損失額」を表しているわけではなく、その限界やリスク（リスク管理のリスク）を知っておく必要がある。

VaRと時間（期間）の関係は？

- VaRは、必要に応じて期間を定めて計算をする。期間が短ければVaRは小さく、期間が長ければVaRは大きくなる。

そして春――
私は無事銀行に
優くんは中学校に、
それぞれの道を進んだ
おはよー!!
おはようございます
あ…
おはよう
ございます…!!
うまくいってるみたい
じゃない…!!

結局私も優くんも
似たもの同士って
ことね!!
うりゃー
どういうこと
ですか!?
好きな人に合わせて
進路決めちゃうくらい
一途ってことかな!!
ウフフ
カーッ
今度は私が素直な
気持ちを伝える番だね…
そうですよ!!
さぁ
今日もがんばっていこ――!!

田渕直也（たぶち　なおや）

1963年生まれ。85年一橋大学経済学部卒業。同年、日本長期信用銀行に入行。デリバティブを利用した商品設計、デリバティブのディーリング、ポートフォリオマネジメント等に従事する。その後、海外証券子会社であるLTCB International Ltdに出向。デリバティブ・ディーリング・デスクの責任者を務める。帰国後、金融市場営業部および金融開発部次長。銀行本体のデリバティブ・ポートフォリオの管理責任者を務める。2000年より、UFJパートナーズ投信（現・三菱UFJ投信）にてチーフファンドマネージャーとして、債券運用、新商品開発、フロント・リスク管理、社債投資、ストラクチャー・プロダクツへの投資などを担当。その後、数社を経て、現在も金融アナリストとして活動中。

著書に、『図解でわかるデリバティブのすべて』『図解でわかるランダムウォーク＆行動ファイナンス理論のすべて』『デリバティブのプロが教える 金融基礎力養成講座』（以上、日本実業出版社）があるほか、共著として『スワップ取引のすべて』（金融財政事情研究会）がある。

●マンガ制作／株式会社トレンド・プロ
●シナリオ／re_akino
●作　　画／竹内モカ

世界一《せかいいち》やさしい金融工学《きんゆうこうがく》の本《ほん》です

2006年4月1日　初版発行
2009年10月1日　第7刷発行

著　者　田渕直也　©N.Tabuchi 2006
　　　　トレンド・プロ　©TREND-PRO 2006
発行者　杉本淳一

発行所　株式会社日本実業出版社　東京都文京区本郷3－2－12　〒113-0033
　　　　　　　　　　　　　　　　大阪市北区西天満6－8－1　〒530-0047
編集部　☎03-3814-5651
営業部　☎03-3814-5161　振　替　00170-1-25349
http://www.njg.co.jp/

印刷・製本／図書印刷

この本の内容についてのお問合せは、書面かFAX（03-3818-2723）にてお願い致します。
落丁・乱丁本は、送料小社負担にて、お取り替え致します。

ISBN 978-4-534-04051-0 Printed in JAPAN